W0393415

COLLECTION MAGELLAN

SOPHIE LE CALLENNEC

CM
Cycle 3

NOUVEAUX PROGRAMMES 2016

Histoire histoire des arts

avec des passerelles
en Enseignement moral et civique

Sophie Le Callennec
Professeure d'histoire, de géographie et d'enseignement moral et civique
Formation continue des enseignants du premier degré

Françoise Martinetti
Inspectrice honoraire de l'Éducation nationale

Élisabeth Szwarc
Ancienne professeure d'histoire-géographie en IUFM

Hatier

Mode d'emploi

Les mots surlignés dans le texte sont définis dans le vocabulaire de la leçon.

1 Arts — Ce logo indique une question spécifique à l'histoire des arts.

2 EMC — Ces questions indiquent une passerelle possible avec l'enseignement moral et civique.

3 — Ce logo indique une recherche possible sur Internet.

La frise chronologique en bas de page situe une période (un trait) ou une date (un point) de la leçon.
Celle-ci est signalée en orange dans le texte de la leçon de façon à être identifiée et retenue.
La signalétique orange clair renvoie aux périodes et aux dates étudiées dans les leçons précédentes.

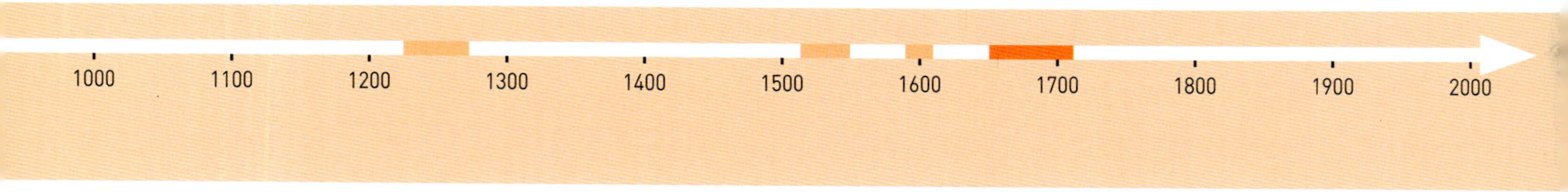

Conception La Case à livres
Illustrations Bruno Lesourd, Sylvain Frécon, Anne Teuf
Cartographie Claire Levasseur
Relecture Geneviève Miral

© HATIER Paris 2016/ISBN : 978-2-218-99890-4
Sous réserve des exceptions légales, toute représentation ou reproduction intégrale ou partielle, faite, par quelque procédé que ce soit, sans le consentement de l'auteur ou de ses ayants-droit, est illicite et constitue une contrefaçon sanctionnée par le Code de la Propriété Intellectuelle. Le CFC est le seul habilité à délivrer des autorisations de reproduction par reprographie, sous réserve en cas d'utilisation aux fins de vente, de location, de publicité ou de promotion de l'accord de l'auteur ou des ayants droit.

AVANT-PROPOS

La réforme des programmes 2016 est l'occasion pour nous de proposer un nouveau manuel d'histoire pour les élèves et les enseignants du cycle 3 à l'école élémentaire. Nous avons travaillé dans l'esprit de ces nouveaux programmes qui, dans l'ensemble, ont soulevé notre enthousiasme. Il ne s'agit plus de multiplier les connaissances au risque de perdre les élèves mais, bien au contraire, de travailler autour de quelques thématiques clés, qui permettent d'introduire l'étude de l'histoire et de poser les grands jalons de la chronologie.

Dans ce nouvel opus, les enseignants retrouveront les caractéristiques qui font le succès de la collection Magellan :
– une approche fondée sur l'élève, ses représentations, son développement, sa capacité de compréhension, sa vision du monde, que l'on étoffe, confirme ou rectifie progressivement ;
– une approche pas à pas conforme aux programmes, de façon que l'enseignant travaille en confiance avec son manuel, qui lui permet de répondre parfaitement aux attentes de ces programmes ;
– un ouvrage qui propose une progression des notions, des compétences et du vocabulaire.

Les enseignants et les élèves sont parfois démunis face à certaines thématiques, dont ils n'entrevoient pas toujours les enjeux qu'elles sous-tendent. Nous avons rythmé ce manuel de pages intitulées Les héritages du passé, dans lesquelles nous proposons de faire le point sur la période étudiée avec le recul du temps, et sur ce qu'elle a changé dans l'histoire de la France et jusque dans notre monde contemporain. Concrètes, parfois amusantes, ces pages répondent à l'objectif premier de l'étude de l'histoire : celui de nous faire comprendre le monde et la société dans lesquels nous vivons.

Cet ouvrage existe dans une version papier, classique, mais aussi dans une version numérique : celle d'un manuel interactif enrichi d'outils pédagogiques permettant de mieux comprendre et apprécier l'histoire.

Le maître peut se reporter au guide *Enseigner l'histoire au cycle 3*, édition 2016, pour mettre à jour ses connaissances, consulter des propositions d'organisation des séquences, disposer d'informations pédagogiques, s'appuyer sur des informations concernant les documents sélectionnés et choisir des idées de travail en interdisciplinarité.

Je tiens à remercier tous les enseignants, conseillers pédagogiques, inspecteurs de l'Éducation nationale, qui m'accueillent pour des conférences, qui dialoguent avec moi, qui me font part de leurs expériences, de leurs interrogations, de leurs difficultés, de leur vision de l'histoire et de son enseignement. Qu'ils sachent que ce manuel a été écrit pour répondre à leurs attentes et leur donner, leur redonner ou simplement alimenter chez eux le goût pour l'histoire.

Sophie Le Callennec

CM1

CHAPITRE 1 Avant la France ?

CHAPITRE 2 Le temps des rois

CHAPITRE 3 Le temps de la Révolution et de l'Empire

CM2

CHAPITRE 4 L'âge industriel en France

CHAPITRE 5 Le temps de la République

CHAPITRE 6 La France, des guerres mondiales à l'Union européenne

DES TEMPS POUR RACONTER L'HISTOIRE

L'histoire parle du passé. Elle se dit et s'écrit donc au passé.
Voici quelques repères pour bien comprendre et utiliser les différents temps du passé.

1 Pour raconter ou décrire quelque chose qui a duré longtemps, on utilise l'imparfait.

Par exemple : Des hommes et des femmes vivaient déjà dans notre pays il y a longtemps.

Conjugaison à l'imparfait		
Occuper	il/elle occupait	ils/elles occupaient
Diriger	il/elle dirigeait	ils/elles dirigeaient
Vivre	il/elle vivait	ils/elles vivaient

2 Pour raconter quelque chose qui a eu lieu à un moment précis, on utilise le passé composé ou le passé simple.

Par exemple : Des hommes et des femmes de la préhistoire ont peint la grotte de Lascaux : quatre jeunes la découvrirent un beau jour de 1944.

Conjugaison	au passé composé		au passé simple	
Occuper	il/elle a occupé	ils/elles ont occupé	il/elle occupa	ils/elles occupèrent
Créer	il/elle a créé	ils/elles ont créé	il/elle créa	ils/elles créèrent
Diriger	il/elle a dirigé	ils/elles ont dirigé	il/elle dirigea	ils/elles dirigèrent
Unir	il/elle a uni	ils/elles ont uni	il/elle unit	ils/elles unirent
Prendre	il/elle a pris	ils/elles ont pris	il/elle prit	ils/elles prirent
Perdre	il/elle a perdu	ils/elles ont perdu	il/elle perdit	ils/elles perdirent
Vivre	il/elle a vécu	ils/elles ont vécu	il/elle vécut	ils/elles vécurent

3 Pour raconter quelque chose qui a eu lieu dans un passé encore plus lointain, on utilise le plus-que-parfait.

Par exemple : Autrefois, des gens vivaient là. Avant eux, un autre peuple y avait vécu.

Conjugaison au plus-que-parfait		
Occuper	il/elle avait occupé	ils/elles avaient occupé
S'installer	il/elle s'était installé(e)	ils/elles s'étaient installé(e)s
Vivre	il/elle avait vécu	ils/elles avaient vécu
Perdre	il/elle avait perdu	ils/elles avaient perdu

1

Avant la France ?

1 LE PASSÉ, L'HISTOIRE

Cette année, tu commences une nouvelle matière : l'histoire. Sais-tu ce que c'est ?

A Qu'est-ce que l'histoire ?

1 Connais-tu l'histoire de la flûte enchantée ?

2 Sais-tu ce que l'on appelle l'histoire de France ?

B Comment se repérer dans le passé ?

La frise chronologique des grandes périodes de l'histoire

La frise chronologique est comme un ruban, avec le passé à gauche et le présent à droite. Plus un événement est ancien, plus il se trouve à gauche.

3 Par quoi la frise chronologique se termine-t-elle, à droite ? Pourquoi ?

4 À partir de quel événement compte-t-on le temps dans notre calendrier ? En quelle année cet événement a-t-il eu lieu ?

Qu'est-ce que l'histoire ? DOC. A

Le mot « histoire » a différentes significations. Il désigne les histoires que l'on raconte : les contes, les albums, les romans… Il désigne également le passé, ce qui a eu lieu autrefois : c'est le passé « historique », dont on entend parfois parler à la radio et à la télévision. Enfin, le mot désigne la science qui étudie le passé de l'humanité, qui essaye de le connaître et de le comprendre. C'est cela que nous faisons en cours d'histoire.

Comment se repérer dans le passé ? DOC. B

L'histoire s'intéresse à un passé qui a duré des siècles, des millénaires. Pour se repérer dans ce passé très long, on compte le temps par rapport à la naissance de Jésus de Nazareth : on situe les époques, les événements avant ou après cette date. On peut représenter le temps par une frise chronologique. Les historiens divisent le passé en grandes périodes au cours desquelles les événements et les modes de vie présentent des points communs.

C Qu'est-ce qui intéresse l'histoire ?

Bataille de boules de neige, tableau du XIXe siècle

En France, en 1882, les députés ont voté une loi qui obligeait les enfants à aller à l'école : fini les batailles de boules de neige toute la journée !

7. Décris cette scène.
8. Calcule combien de temps s'est écoulé depuis le vote de cette loi, en 1882.
9. Cette loi a plus d'un siècle : a-t-elle une influence sur ta vie aujourd'hui ?
10. En quoi peut-on dire que notre école est l'héritière de la loi de 1882 ?

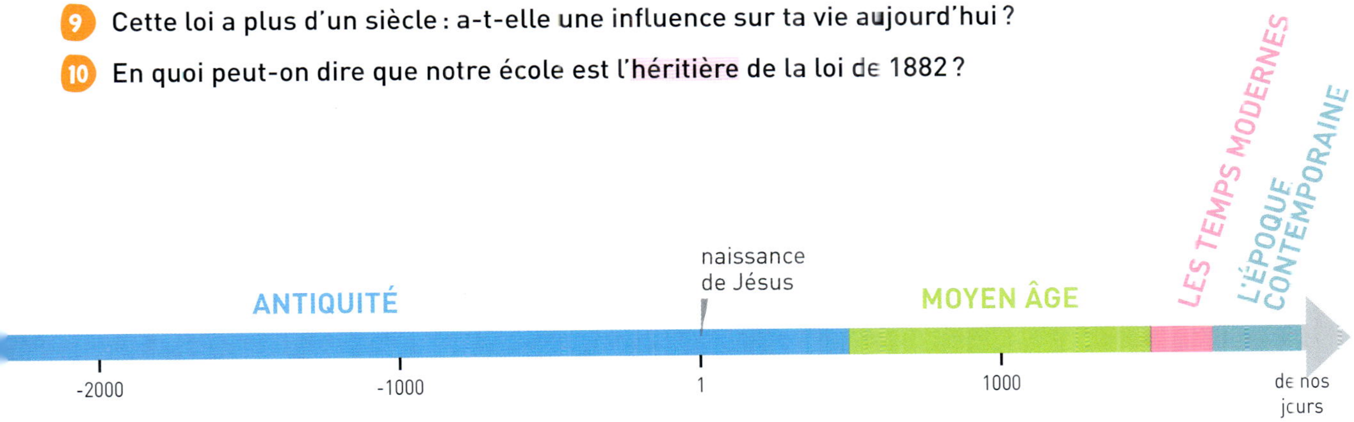

5. Regarde sur la frise chronologique : quelle invention importante a eu lieu vers 3000 avant Jésus-Christ ?
6. Quelles sont, dans l'ordre chronologique, les grandes périodes du passé ? Que sais-tu d'elles ?

Qu'est-ce qui intéresse l'histoire ? DOC. C

L'histoire s'intéresse aux événements du passé. Elle cherche à savoir ce qui s'est passé et pourquoi. Elle s'intéresse aussi à la manière dont on vivait autrefois. Connaître le passé est important, parce que notre manière de vivre comporte de nombreux héritages du passé. Elle est influencée par les événements qui ont eu lieu autrefois et par les façons de vivre de ceux qui nous ont précédés. Elle dépend des décisions prises avant nous.

VOCABULAIRE

chronologique : dans l'ordre du temps.
un héritage : ce qui est transmis de génération en génération.
un héritier, une héritière : une personne qui reçoit ce qui vient des générations précédentes.
l'histoire : la science qui étudie le passé de l'humanité.
l'humanité : l'ensemble des êtres humains.
un millénaire : une période de mille années.

2 Les traces d'une occupation ancienne du territoire français

Des traces très anciennes prouvent que la France est habitée depuis longtemps.

A Des traces très anciennes

a. Tombe de deux femmes enterrées il y a 7 000 ans
b. Hache en pierre et bois de cerf, vieille de 5 000 ans
c. Pointe de lance en silex vieille de 19 000 ans
d. Dent humaine vieille de 550 000 ans

b

a

c

d

1. Classe ces vestiges du plus ancien au plus récent. Où les situerais-tu sur la frise chronologique ?
2. Dans quelles positions ces deux femmes (a) ont-elles été enterrées ?
3. Que leur a-t-on mis autour du cou ? au-dessus de la tête ?
4. À ton avis, à quoi ces outils (b et c) servaient-ils ?
5. Qu'est-ce que cette dent (d) nous apprend sur le passé de la France ?

Des traces très anciennes DOC. A

On a découvert des traces d'une présence très ancienne des êtres humains sur le territoire de la France : des os d'hommes, de femmes et d'enfants, des outils en pierre, des restes de repas, des indices qui montrent que l'on a fait du feu ici, que l'on s'est abrité dans une grotte là, que l'on a construit un abri ailleurs… Tout cela prouve que des gens vivaient déjà dans notre pays il y a un million d'années environ.

Une période mal connue DOC. B

On sait peu de chose sur nos plus lointains ancêtres. En effet, on trouve peu de vestiges de leur époque : avec le temps, ces traces ont été détruites ou enfouies profondément dans le sol. On appelle ce passé très ancien la préhistoire, c'est-à-dire la période « avant » l'histoire. Les hommes et les femmes de la préhistoire se nourrissaient de ce qu'ils cueillaient, pêchaient ou chassaient. Ils fabriquaient des outils et des armes dans la pierre.

IL Y A — 1 million d'années — 900 000 ans — 800 000 ans — 700 000 ans — 600 000 ans

B Une période mal connue

Reconstitution d'un campement de la préhistoire

Il n'existe aucune photographie du passé le plus ancien.
À partir des vestiges découverts, les chercheurs sont donc obligés d'imaginer comment les hommes et les femmes de la préhistoire vivaient. Les dessinateurs en font des reconstitutions.

6 **Dis ce que tu vois sur cette reconstitution.**

7 **Qu'est-ce que cela t'apprend sur la vie pendant la préhistoire ?**

C Des œuvres d'art

La *Dame de Brassempouy*, sculptée il y a 25 000 ans environ

8 **Décris cette femme. Quelles parties de son visage manquent ?**

Arts

9 **Cette sculpture mesure 4 cm de hauteur : regarde sur ta règle ce que cela représente. Imagine le travail du sculpteur.**

Des œuvres d'art DOC. C

Parmi les vestiges de la préhistoire, on trouve des œuvres d'art : des peintures sur les murs de certaines cavernes, des objets sculptés dans la pierre ou l'ivoire, des instruments de musique… Cela prouve que nos lointains ancêtres nous ressemblaient : comme nous, ils ne faisaient pas que se nourrir et dormir ; ils s'intéressaient aussi aux belles choses et cherchaient à créer.

VOCABULAIRE

nos ancêtres : les personnes de notre famille qui ont vécu longtemps avant nous.

une œuvre d'art : une création artistique.

la préhistoire : la période la plus ancienne du passé de l'humanité, avant l'invention de l'écriture.

une reconstitution : un dessin, une mise en scene qui montre comment la situation devait être.

les vestiges : ce qui reste du passé (bâtiments, monuments, objets, traces dans le sol, par exemple).

3 Des peintures et des gravures de la préhistoire française

En s'aventurant dans le fond de certaines grottes, des personnes ont découvert des peintures et des gravures faites sur les murs et datant de la préhistoire.

A La grotte de Lascaux

Les Taureaux, peints il y a 17 000 ans environ

La grotte de Lascaux, en Dordogne, a été découverte par quatre jeunes, dont le chien s'était engouffré dans un trou. En s'avançant sous terre, ils ont trouvé cette gigantesque scène : les plus grands animaux dessinés mesurent 5 m de long.

1. **Quels animaux reconnais-tu ?**
2. **Ont-ils l'air immobiles ?**

Arts

La Scène du puits, peinte il y a 18 000 ans environ

Plus loin dans la grotte, dans un lieu caché, on a découvert cette peinture.

3. **Décris cette scène.**
4. **Imagine ce qui s'est passé.**
5. **Que nous apprend cette scène sur la vie pendant la préhistoire ?**

IL Y A — 1 million d'années — 900 000 ans — 800 000 ans — 700 000 ans — 600 000 ans

B La caverne du pont d'Arc

Le Hibou, gravé il y a 35 000 ans environ

Dans la caverne du pont d'Arc, également appelée grotte Chauvet, en Ardèche, des hommes et des femmes de la préhistoire ont peint et gravé des centaines d'animaux.

6 Décris ce hibou.

7 Ressemble-t-il à un vrai hibou ?

Arts

C La grotte Cosquer

L'entrée de la grotte Cosquer se trouve dans la mer, à 37 mètres de profondeur, près de Marseille. Des plongeurs l'ont découverte par hasard. Pendant la préhistoire, le niveau de la mer était sans doute plus bas qu'aujourd'hui : on pouvait y entrer à pied sec.

Pingouin, peint il y a 19 000 ans environ

8 De nos jours, où trouve-t-on des pingouins ?
Que peux-tu en conclure sur le climat en France il y a 19 000 années ?

Main peinte il y a 27 000 ans environ

9 À ton avis, comment l'artiste a-t-il dessiné cette main ?

10 Sur la frise chronologique, situe l'époque de ces peintures et de ces gravures.

500 000 ans — 400 000 ans — 300 000 ans — 200 000 ans — 100 000 ans — de nos jours

4 DES TRACES DU PASSÉ AUTOUR DE NOUS

L'histoire est une science : elle n'invente pas le passé mais le « reconstitue » à travers les vestiges qu'il en reste.

A Des vestiges enfouis dans le sol

On connaît mal le passé très ancien : autrefois, les photographies, les films et même les livres n'existaient pas. Mais il reste des vestiges de ces époques. La plupart sont enterrés dans le sol : au fil du temps, les feuilles mortes se sont déposées au-dessus, ont pourri et sont devenues la terre. Les vestiges sont donc enfouis. Cela a un inconvénient : on ne sait pas où les chercher. Mais cela a aussi un avantage : la terre les a protégés et préservés.

Vestiges de bateaux vieux de 2000 ans environ, à Lyon

En creusant le sol pour construire un parking, des ouvriers ont découvert ces vestiges.

1. **Décris ces bateaux.**
2. **Pourquoi ne les a-t-on pas trouvés plus tôt ?**
3. **Que nous apprennent-ils sur ceux qui vivaient là il y a 2000 ans ?**
4. **Sur la frise chronologique de la page 12, où situerais-tu ces vestiges ?**

B Des fouilles délicates

Fouilles par une archéologue

Les archéologues sont des savants qui cherchent, récupèrent et étudient les vestiges du passé.

5. **Qu'est-ce que cette archéologue a découvert ?**
6. **Pourquoi prend-elle des précautions pour dégager ces vestiges ?**

C Des vestiges bien visibles

Le pont de Brantôme, XVIe siècle

Tous les vestiges ne sont pas enterrés : en regardant autour de soi, on voit parfois des maisons anciennes, un vieux pont, une vieille église…

7. **Quels vestiges anciens vois-tu sur cette photo ?**
8. **Et près de chez toi, y a-t-il des vestiges du passé ?**

D Des écrits

Des historiens étudiant la « Table claudienne »

Cette plaque de bronze date de l'année 48 après Jésus-Christ. Dessus a été gravé un discours fait à cette époque.

9. **À ton avis, que font ces historiens ?**
10. **Sur la frise chronologique, situe l'époque à laquelle ce discours a été prononcé.**

Voici un extrait de ce discours, traduit en français. →

11. **Explique avec tes propres mots ce que l'empereur Claude propose.**
12. **En quoi un texte nous apprend-il plus de choses qu'un simple vestige ?**
13. **Dans ton quartier, y a-t-il des noms de rues qui évoquent le passé ?**

Nos ancêtres ont décidé que les meilleurs hommes de nos territoires, du moment que ce sont des hommes d'honneur et qu'ils sont riches, peuvent devenir sénateurs à Rome. Je ne crois pas que l'on doive repousser les provinciaux, du moment qu'ils font honneur à cette assemblée. Certes, les habitants de cette région nous ont fait la guerre pendant dix ans. Mais, depuis cent ans, ils ont montré leur fidélité et leur obéissance.

D'après le discours de Claude, empereur des Romains, Table claudienne, 48 après Jésus-Christ

5 Celtes, grecs et gaulois

Sais-tu que, dans l'Antiquité, notre pays s'appelait la Gaule ?
Sais-tu qui habitait notre territoire à cette époque ?

A Le peuplement de la Gaule

Carte du peuplement de la Gaule de 600 avant Jésus-Christ à 100 avant Jésus-Christ environ

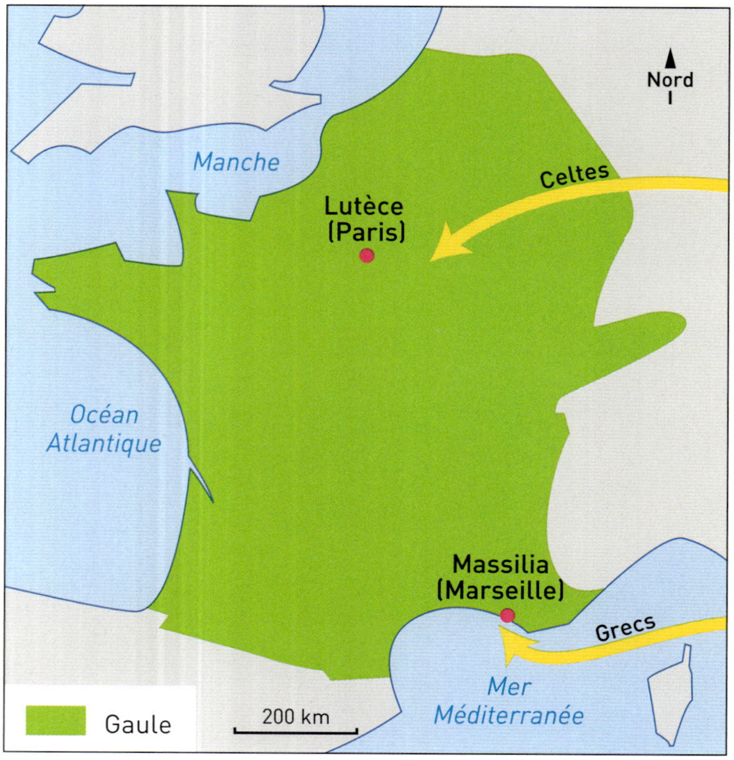

De jeunes Grecs arrivèrent par la mer, au sud de la Gaule. Séduits par la beauté du lieu, ils allèrent retrouver le roi de la région pour lui demander l'autorisation de fonder une ville sur son territoire. Ce jour-là, le roi était occupé à préparer le mariage de sa fille Gyptis. Conformément à la coutume, celle-ci devait choisir son mari pendant le repas de noce. Le roi invita les Grecs au mariage. Pendant le repas, le roi dit à sa fille d'offrir de l'eau à celui qu'elle choisissait comme mari. Elle se tourna vers les Grecs et présenta l'eau à Protis. Celui-ci devint donc le gendre du roi et reçut une terre pour fonder sa ville, Marseille.

D'après Justin, historien du IIIe siècle

1. Depuis quand y a-t-il des habitants en France ?
2. Regarde la carte : par où les Grecs sont-ils arrivés ? et les Celtes ?
3. Quand était-ce ? Situe cette époque sur la frise chronologique.
4. Lis le texte : pourquoi Protis et ses compagnons se sont-ils installés en Gaule ?
5. Quelle ville ont-ils fondée ? Repère-la sur la carte.

Le peuplement de la Gaule DOC. A

Le territoire français a d'abord été habité par des hommes et des femmes de la préhistoire, puis par leurs descendants. Du VIe siècle au Ier siècle avant Jésus-Christ, de nouvelles populations sont arrivées dans notre pays : des Celtes venus d'Europe centrale et des Grecs arrivés par la mer Méditerranée. Peu à peu, les populations se sont mélangées. Elles parlaient désormais la même langue et avaient le même mode de vie. On les appelait les Gaulois.

Un territoire riche DOC. B

La Gaule était un territoire riche. La plupart des Gaulois étaient paysans. Ils produisaient en quantité du blé, d'autres céréales et du vin, et ils élevaient des chevaux et des porcs. Les artisans fabriquaient des outils, des armes, des bijoux, des objets en terre cuite ou en verre. Les Gaulois vendaient ces objets, de grande qualité, et une partie de leurs récoltes aux peuples voisins : le commerce était important.

-1000 -900 -800 -700 -600 -500 -400 -300 -200 -100 1 100 200 300 400

B Un territoire riche

Des paysans gaulois, bas-relief du IIIe siècle

6 Décris ces paysans. Que font-ils ?

7 En quoi l'agriculture est-elle source de richesse ?

8 Imagine d'autres métiers de l'époque.

C Un peuple de guerriers

Un guerrier gaulois, bas-relief du IIe siècle

9 Décris ce Gaulois.

10 Décris sa maison.

11 Chez les Gaulois, les guerriers étaient les chefs : que penses-tu de cette situation ?

12 EMC Est-ce toujours le cas dans notre société ?

Un peuple de guerriers DOC. C

Les Gaulois ne formaient pas un peuple uni. Ils étaient divisés en tribus. Chaque tribu avait ses guerriers, que le reste de la population craignait et respectait. C'est parmi eux que l'on choisissait les chefs. Les guerriers combattaient pour protéger les richesses de la Gaule, dont les peuples voisins cherchaient à s'emparer. Mais surtout, les différentes tribus s'affrontaient souvent entre elles dans des guerres violentes.

VOCABULAIRE

un artisan : une personne qui fabrique des objets à la main ou avec des outils simples, selon des méthodes traditionnelles.

le commerce : l'échange de produits contre de l'argent.

les descendants : les générations de la même famille qui viennent après.

un paysan : un agriculteur qui vit simplement.

une tribu : un groupe de gens qui ont la même langue, la même manière de vivre et un même chef.

600 700 800 900 1000 1100 1200 1300 1400 1500 1600 1700 1800 1900 2000

6 L'HÉRITAGE DES GAULOIS

Peut-être as-tu déjà entendu parler des Gaulois avant la leçon d'histoire. Mais sais-tu qu'ils nous ont légué beaucoup de choses ?

A Des champs et des villages

Le village de Colonard-Corubert en Normandie

Les Gaulois ont coupé des forêts pour en faire des champs et ont construit des villages. Depuis, la France est restée couverte de champs. Elle compte toujours des milliers de villages.

1 **Fais des recherches : de quand ton village, ta ville datent-ils ?**

2 **D'où vient son nom ?**

B Le coq, notre emblème

Coq en bronze du IIe siècle

Un emblème est un symbole qui sert à représenter une personne, un groupe de personnes ou une idée. Il y a 2 000 ans, le coq était l'emblème des Gaulois. Plus tard, il est devenu l'emblème de la France.

3 **Décris ce coq : son aspect, son allure…**

4 EMC **Dans quelles circonstances peut-on voir le coq comme symbole de la France ?**

C Des inventions

Les Gaulois ont inventé des objets que l'on utilise encore aujourd'hui : le tonneau, le matelas, le savon, le fer à cheval, la moissonneuse...

↑ Une moissonneuse, bas-relief du IIe siècle

5 Décris cette moissonneuse.

6 Par quoi est-elle poussée ? Explique son fonctionnement.

7 De nos jours, comment les moissonneuses fonctionnent-elles ?

↓ Transport de tonneaux, bas-relief du Ier siècle

8 Comment ce bateau avance-t-il ?

9 Qu'y a-t-il dans le bateau ?

10 Comment transportait-on les liquides avant l'invention du tonneau ?

11 En quoi le tonneau est-il plus pratique ?

7 LES GALLO-ROMAINS

Voisins des Gaulois, les Romains étaient attirés par les richesses de la Gaule.

A La puissance des Romains

Carte de Rome et ses territoires en 53 avant Jésus-Christ

Statue en bronze d'un soldat romain, IIe siècle avant Jésus-Christ

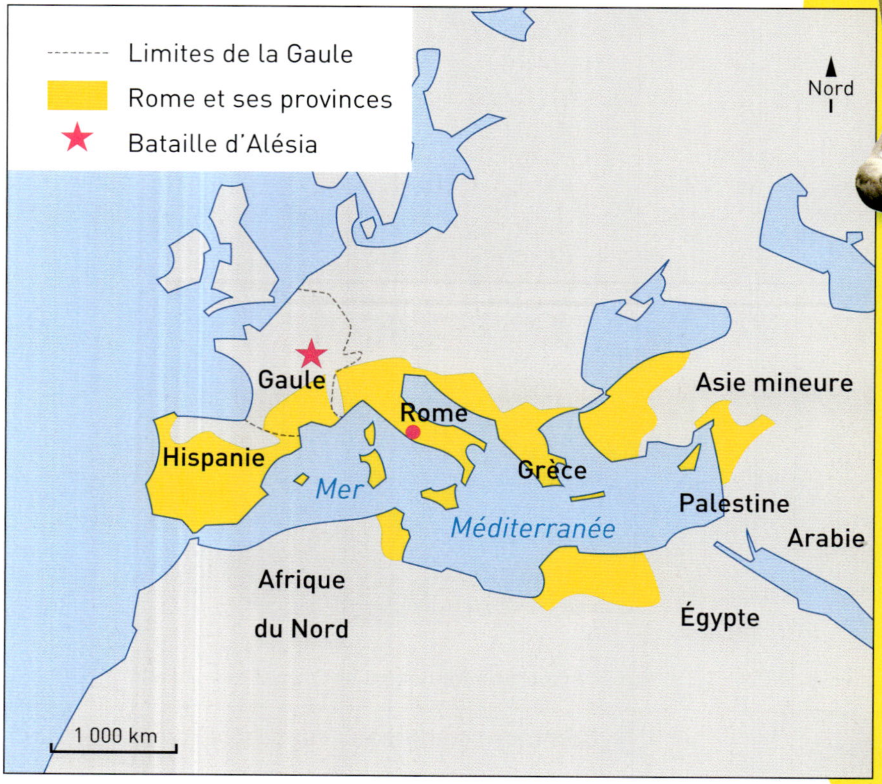

1. Sur la carte, situe la Gaule. Situe la ville de Rome.
2. Nomme et situe les provinces (en jaune) dominées par Rome.
3. La Gaule en faisait-elle partie ?
4. Décris ce soldat romain : ses vêtements, ses armes.

La puissance des Romains DOC. A

Durant l'Antiquité, Rome était une grande ville puissante. Les Romains avaient mis au point une armée bien équipée, organisée et efficace. Supérieure à ses ennemis, qui combattaient dans le désordre, cette armée a conquis des régions de plus en plus lointaines. Au Ier siècle avant Jésus-Christ, les Romains contrôlaient le pourtour de la mer Méditerranée.

La conquête de la Gaule DOC. B

Les Romains voulaient prendre le contrôle de la Gaule et de ses richesses. Au Ier siècle avant Jésus-Christ, ils avaient déjà conquis le sud de la Gaule. Sous la conduite du général romain Jules César, ils se lancèrent à l'assaut du reste du pays. Pour mieux se défendre, les tribus gauloises s'unirent sous l'autorité d'un chef unique, Vercingétorix. Mais en 52 avant Jésus-Christ, ils furent vaincus à Alésia.

-1000 -900 -800 -700 -600 -500 -400 -300 -200 -100 1 100 200 300 400

B La conquête de la Gaule

5 Lis le texte : comment Vercingétorix est-il devenu le chef des Gaulois ?

6 Que s'est-il passé ensuite ?

7 Qu'a proposé Vercingétorix pour sauver les Gaulois ?

8 Sur la frise chronologique, situe cet événement.

9 Qui a écrit ce texte ? Est-ce que cela peut influencer la manière dont l'histoire est racontée ?

Au Ier siècle avant Jésus-Christ, les tribus gauloises étaient menacées par les Romains. Un chef leur proposa de s'unir pour les combattre. Vercingétorix appelle les Gaulois à le rejoindre. Il leur explique qu'il faut prendre les armes pour sauver la liberté de la Gaule. Tous se mettent d'accord et le reconnaissent comme leur chef. Vercingétorix envoie des messagers à toutes les tribus. Il ordonne qu'on lui amène des soldats et qu'on fabrique des armes.
Mais, quelques mois plus tard, à Alésia. Ayant perdu beaucoup de guerriers, les Gaulois débattent de ce qu'ils doivent faire. Vercingétorix les rassemble. Il leur dit qu'il a fait cette guerre pour défendre la liberté de tous. Maintenant, ils sont vaincus. Vercingétorix offre sa vie aux Gaulois : pour calmer les Romains, ils peuvent le tuer ou le livrer comme prisonnier. On envoie des représentants à Jules César. Celui-ci ordonne qu'on lui apporte les armes et qu'on lui amène les chefs. On lui livre Vercingétorix, on jette les armes à ses pieds.

D'après Jules César, général romain, Ier siècle avant Jésus-Christ

C La romanisation de la Gaule

Un Gaulois paye son impôt aux Romains, bas-relief du IIIe siècle

10 Que font ces deux hommes ?

11 À quoi les impôts servent-ils ? EMC

La romanisation de la Gaule DOC. C

La Gaule perdit alors son indépendance et, du Ier siècle avant Jésus-Christ au Ve siècle, devint une province romaine. Les Romains établirent la paix entre les tribus gauloises et obligèrent les Gaulois à leur payer des impôts. Ils construisirent des routes et bâtirent des villes. Ils encouragèrent les agriculteurs à produire plus et développèrent le commerce. Les plus riches Gaulois adoptèrent le mode de vie des Romains : on les appelait les Gallo-Romains.

VOCABULAIRE

les Gallo-Romains : les Gaulois qui vivaient comme les Romains.

un impôt : l'argent que l'on verse à sa tribu ou à l'État pour les dépenses communes (construire les routes, payer les soldats…).

l'indépendance : la liberté, le fait de n'être soumis à aucune autorité, d'être responsable de soi-même, de décider seul pour soi-même.

une province : dans l'Antiquité, un territoire conquis par un autre peuple et dominé par lui.

600 700 800 900 1000 1100 1200 1300 1400 1500 1600 1700 1800 1900 2000

8 Des vestiges de l'Antiquité

Y a-t-il, dans ta ville, dans ta région, des vestiges de l'Antiquité ?

A La ville grecque de Marseille

Jardin des vestiges

1. Repère le mur : il date de l'Antiquité.
2. Les bâtiments à l'arrière-plan datent-ils de la même époque ?
3. À ton avis, pourquoi a-t-on transformé ce site en jardin ?

B Le pont du Gard

Construit au Ier siècle, ce pont était un aqueduc : au-dessus passait un canal qui apportait de l'eau à la ville de Nîmes.

4. À quoi l'eau amenée par cet aqueduc pouvait-elle servir ?
5. À ton avis, a-t-il été facile de construire ce pont à cette époque ? Pourquoi ?

C Les arènes de Nîmes

Dans ces arènes, jusqu'à 20 000 spectateurs assistaient à des courses de chevaux et à des combats de gladiateurs.

6 Où les gladiateurs combattaient-ils ? Où les spectateurs s'installaient-ils ?

7 Connais-tu un lieu qui ressemble à ces arènes ?

D Le théâtre d'Orange

Ce théâtre était construit de façon que tous les spectateurs, même au dernier rang, entendent bien les acteurs.

8 Décris ce théâtre : la scène, les gradins...

E L'arc de triomphe d'Orange

Ce monument a été construit en l'honneur des soldats romains qui ont fondé la ville d'Orange.

9 Décris cet arc de triomphe.

10 Connais-tu un monument qui lui ressemble ?

9 L'HÉRITAGE DES GALLO-ROMAINS

Nous avons beaucoup hérité des Gaulois, mais nous devons aussi beaucoup aux Gallo-Romains.

→ A Notre langue

La majorité des mots que nous employons vient du latin : la langue parlée par les Romains. Elle est devenue la langue des Gallo-Romains puis celle de tous les Gaulois.

1 **Fais des recherches et trouve d'où vient le nom des jours de la semaine.**

Des mots venus du latin	***rosa*** : la rose ***museum*** : le musée ***tempus*** : le temps ***corpus*** : le corps ***festa*** : la fête ***terra*** : la terre
Des mots latins qui sont restés	***agenda*** : ce qui doit être fait ***et caetera*** : et ainsi de suite ***maximum*** : le plus haut ***piano*** : doucement, pas trop vite
Des mots latins qui donnent des mots de la même famille en français	***vita*** : la vie → vital ***scola*** : école → scolaire ***frater*** : frère → fraternel ***noctis*** : la nuit → nocturne ***urbs*** : la ville → urbain ***equus*** : le cheval → équitation
Des prénoms latins	Laura, Clément, Marine, Adrien, Célestine, Baptiste, Carmen, Paul, Flavie, Pierre, Romain, Victor…

→ B La citoyenneté

Les Grecs ont inventé la démocratie : le fait que le pouvoir appartienne aux citoyens, qui votent pour exprimer leur avis. Les Romains puis les Gallo-Romains ont repris cette organisation du pouvoir, dont nous avons hérité.

2 **Dis ce que tu vois sur cette photographie.**

3 EMC **De nos jours, en France, à qui le pouvoir appartient-il ?**

4 EMC **À quelles occasions les citoyens votent-ils ?**

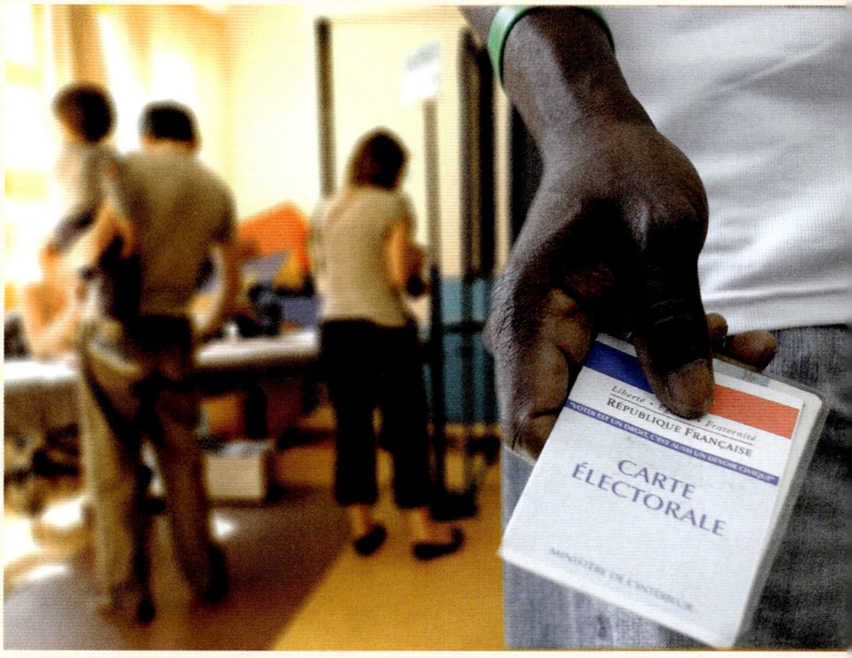

C Des routes

Route romaine dans le sud de la France

Les Romains et les Gallo-Romains ont construit des routes pour permettre aux marchands de circuler. C'est sur leur tracé que certaines de nos routes et de nos autoroutes ont été construites.

5 **Décris cette route.**

D Des villes

Vestiges de Vaison-la-Romaine

Les Romains et les Gallo-Romains ont construit les premières villes de France : Lyon, Bordeaux, Toulouse...

6 **Quels vestiges reconnais-tu dans cette ville ?**

7 **Regarde la leçon précédente et trouve le nom d'autres villes fondées par les Romains et les Gallo-Romains.**

E L'école

L'école, bas-relief du Ier siècle

Les fils des riches Gallo-Romains apprenaient à lire, écrire, compter. Ils apprenaient aussi le grec (l'anglais n'existait pas).

8 **Décris cette scène.**

9 **À ton avis, que faisaient les enfants qui n'allaient pas à l'école ?**

10 **En quoi est-ce une chance d'aller à l'école ?**

10 Les grands mouvements de population du IVe au Xe siècle

Plusieurs siècles après la conquête de la Gaule par les Romains, il y eut de grands mouvements de population en Gaule.

A Les « Barbares »

Carte des migrations barbares dans l'Empire romain
Un guerrier barbare, mosaïque du VIe siècle

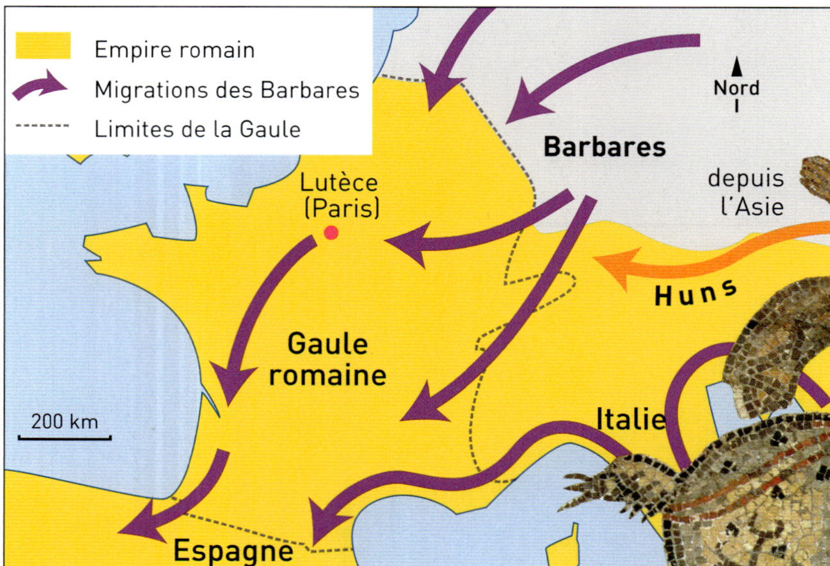

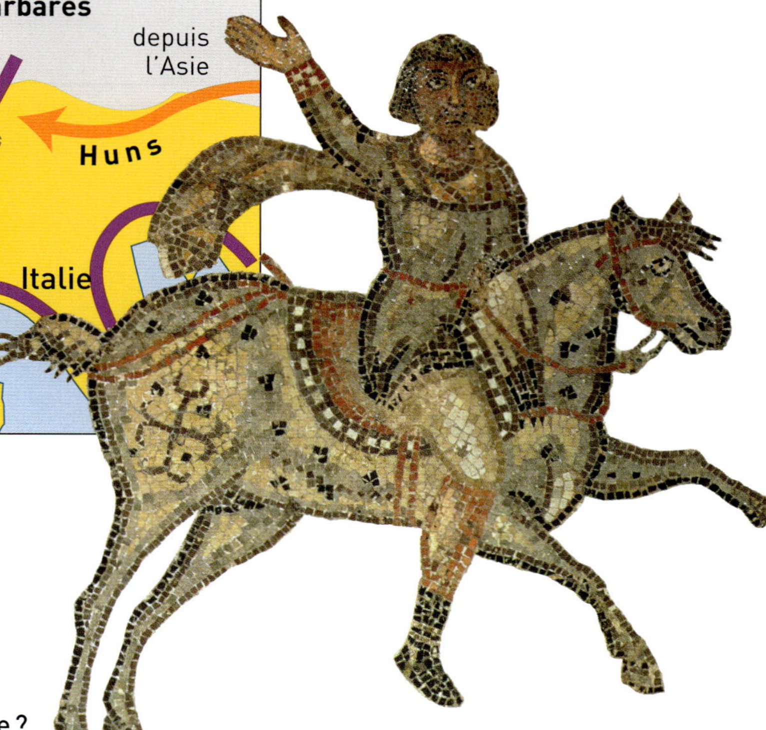

1. Au Ve siècle, quelle était la signification du mot barbare ? De nos jours, ce mot a-t-il le même sens ?
2. À l'aide de la carte, explique par où les « Barbares » sont arrivés et quelles régions ils ont occupées.
3. À ton avis, qu'est-ce qui les attirait en Gaule ?
4. Décris ce « Barbare » à droite.

Les « Barbares » DOC. A

Au nord et à l'est de la Gaule, au-delà des frontières de la Gaule et des territoires dominés par Rome, vivaient différents peuples : des Francs, des Wisigoths, des Alamands… Les Gallo-Romains les craignaient parce que, parfois, ils entraient en Gaule pour en piller les richesses. Ils en avaient peur surtout parce qu'ils ne vivaient pas comme eux. Ils les appelaient les Barbares.

Les Huns DOC. B

À partir du IVe siècle, les Huns, de redoutables guerriers venus d'Asie, envahirent l'Europe, massacrant les populations sur leur passage. Pour leur échapper, les « Barbares » s'enfuirent des régions dans lesquelles ils vivaient et entrèrent dans les territoires dominés par Rome, au IVe et au Ve siècle. Affaibli, l'Empire romain ne réussit pas à les contrôler et perdit toute sa puissance. Une partie des « Barbares » entrés en Gaule s'y installèrent définitivement.

-1000 -900 -800 -700 -600 -500 -400 -300 -200 -100 1 100 200 300 400

B Les Huns

5 Comment l'auteur décrit-il les Huns ?

6 Quelle est la conséquence de leur arrivée ?

7 Quelles expressions l'auteur emploie-t-il pour montrer l'importance de ce mouvement de population ?

8 Sur la carte page 26, trouve d'où les Huns venaient.

> Un nouveau peuple est soudain apparu : des hommes inconnus, étranges, qui tantôt s'abattent comme l'ouragan depuis le sommet des montagnes, tantôt semblent sortir de dessous la terre, des hommes qui anéantissent tout sur leur passage : les Huns. Les Barbares cherchent à fuir hors de leur portée. Nos barrières s'ouvrent devant eux. Le pays barbare vomit ses enfants sur notre territoire, comme un volcan vomirait sa lave.
>
> D'après Ammien Marcellin, historien, vers 376

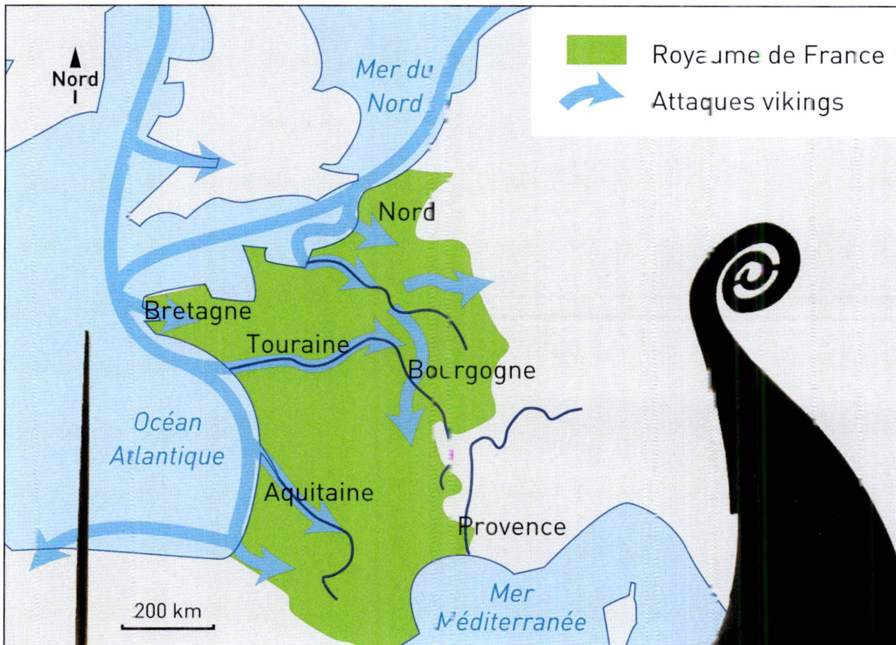

C Les Vikings

Carte des attaques normandes
Drakkar viking du IXᵉ siècle

9 Observe la carte. D'où les Vikings venaient-ils ? Quelles régions ont-ils attaquées ?

10 Comment sont-ils entrés dans le pays ?

11 Décris leur bateau.

12 Les Barbares sont entrés en Gaule à partir du IVᵉ siècle.
Les Vikings l'ont fait à partir du IXᵉ siècle.
Situe ces migrations sur la frise chronologique.
Combien de temps s'est écoulé entre les deux ?

Les Vikings DOC. C

Plusieurs siècles plus tard, au IXᵉ et au Xᵉ siècle, la France connut de nouvelles migrations. Les Vikings, appelés aussi Normands, venus d'Europe du Nord, arrivaient régulièrement sur de grands bateaux : les drakkars. Ils longeaient les côtes et remontaient les fleuves. Ils attaquaient les villes et les villages qui se trouvaient sur leur passage et en pillaient les richesses. Certains se sont installés dans le pays.

VOCABULAIRE

les Barbares : pour les Romains, les peuples qui vivaient en dehors des territoires qu'ils contrôlaient.
l'Empire romain : Rome et ses territoires.
une frontière : la limite entre deux pays.
massacrer : tuer avec acharnement.
une migration : le déplacement d'une population qui s'installe dans une autre région.
piller : voler en commettant des violences et en détruisant tout.

600 700 800 900 1000 1100 1200 1300 1400 1500 1600 1700 1800 1900 2000

11 La « tapisserie » de Bayeux

Longue de 70 mètres, cette immense broderie date du XIe siècle.
Elle raconte, un peu comme une bande dessinée, les invasions normandes.
Elle est conservée dans la ville de Bayeux, en France.

A L'arrivée des Vikings

Les Vikings arrivaient nombreux sur leurs drakkars. Ils naviguaient sur la mer grâce aux voiles de leurs bateaux et remontaient les fleuves à la rame. Ils attaquaient par surprise les villages et les villes sur leur passage.

1. À l'avant des drakkars se trouvait une figure destinée à effrayer : trouves-en une.
2. Dans les bateaux, qu'y a-t-il à part les guerriers ? À quoi servaient-ils ?
3. Trouve un adjectif pour décrire la manière dont les Vikings s'élancent du bateau pour attaquer.
4. Choisis un détail que tu trouves intéressant et décris-le. (Arts)

B Les attaques

5. Quelles armes les Vikings utilisaient-ils ?
6. Pourquoi, dans cette bataille, sont-ils plus forts que leurs adversaires ?
7. À quoi voit-on que la bataille est sanglante ?

C Les sièges

Pour se protéger, les populations construisaient des fortifications autour de leurs villages et de leurs villes. Mais les Vikings les attaquaient sans relâche, jusqu'à ce que les habitants manquent de nourriture et d'eau et soient obligés de se rendre.

8. En quoi ces fortifications permettent-elles aux soldats de mieux se défendre ?

D Les pillages

Les Vikings emportaient tout ce qu'ils trouvaient : de la nourriture, des armes, des chevaux...

9. Repère ce que les Vikings transportent.
10. *Arts* Sur l'ensemble de cette tapisserie, trouve les couleurs utilisées. Nomme une couleur qui n'est pas utilisée.

12 L'HÉRITAGE DES GRANDES MIGRATIONS

Sais-tu ce que nous avons aussi hérité des peuples qui ont migré dans notre pays, du IVe au XIe siècle ?

A Notre langue

Quand les « Barbares » se sont installés en Gaule, leur langue s'est mêlée au latin. Celui-ci est resté la langue principale, mais le français que nous parlons aujourd'hui a conservé des mots d'origine « barbare ».

1 Et ton prénom, de quelle origine est-il ?

Des mots venus des langues germaniques	blanc : de *blank*, clair, brillant bleu : de *bláwu* frais : de *frisk* garçon : de *wrakkjo* framboise : de *brambesa*, mûre fauteuil : de *faldistôl* jardin : de *gart*, clôture guerre : de *werra* haïr : de *hatjan* honte : de *haunjan* maçon : de *makjo* danser : de *dansôn*, traîner trotter : de *trottôn*, courir galoper : de *walalaupan*, courir
Des prénoms germaniques	Charles, Hugo, Adèle, Louis, Alix, Bruno, Louise, William…

B Des coutumes

Les « Barbares » nous ont transmis certaines de leurs coutumes : manger à table, boire de la soupe le soir, porter les cheveux longs pour les hommes.

2 Est-ce que tu manges allongé sur un canapé comme les Gallo-Romains, ou assis à table comme les « Barbares » ?

3 T'arrive-t-il de boire de la soupe ? Est-ce que tu aimes cela ? Maintenant, tu sais à qui tu dois cette habitude.

4 Connais-tu des hommes qui portent les cheveux longs ?

5 Regarde les rois de France page 48. Lesquels portaient les cheveux longs ?

C L'art des bijoux

Broches wisigothes, VIe siècle

Les riches femmes « barbares » portaient des boucles d'oreilles, des colliers, des bracelets. Elles attachaient leurs vêtements avec des broches dorées, ornées de pierres précieuses.

6 **De nos jours, les femmes portent-elles encore des bijoux ?**

D L'héritage

Quand une personne meurt, son argent et ses biens vont à ses enfants, si elle en a : c'est leur héritage.
Chez les Gallo-Romains, l'héritage revenait au fils aîné. Chez les Barbares, il était partagé entre les fils.

7 **De nos jours, sais-tu comment cela se passe ?**

E Les régions françaises

Page Internet

Certains peuples ont laissé leur nom à la région dans laquelle ils se sont installés : la Bretagne pour les Bretons, la Bourgogne pour les Burgondes, la Normandie pour les Normands.

Normandie

La Normandie est une entité historique, géographique et culturelle, située au nord-ouest de la France, bordée par la Manche. En 2012 la population de la Normandie était de 3 568 476 dont environ 160 000 hors France
Wikipédia

Superficie : 30 100 km²

8 **Et les Francs, à quel territoire ont-ils laissé leur nom ?**

9 **Fais des recherches et trouve l'origine du nom de ta région.**

13 Clovis et les Mérovingiens

Bien avant les Normands, à l'époque des migrations « barbares », un peuple a progressivement pris le contrôle de la Gaule : ce sont les Francs.

A Les Francs en Gaule
Clovis à la conquête de la Gaule

Carte du Royaume franc et reconstitution d'un guerrier franc

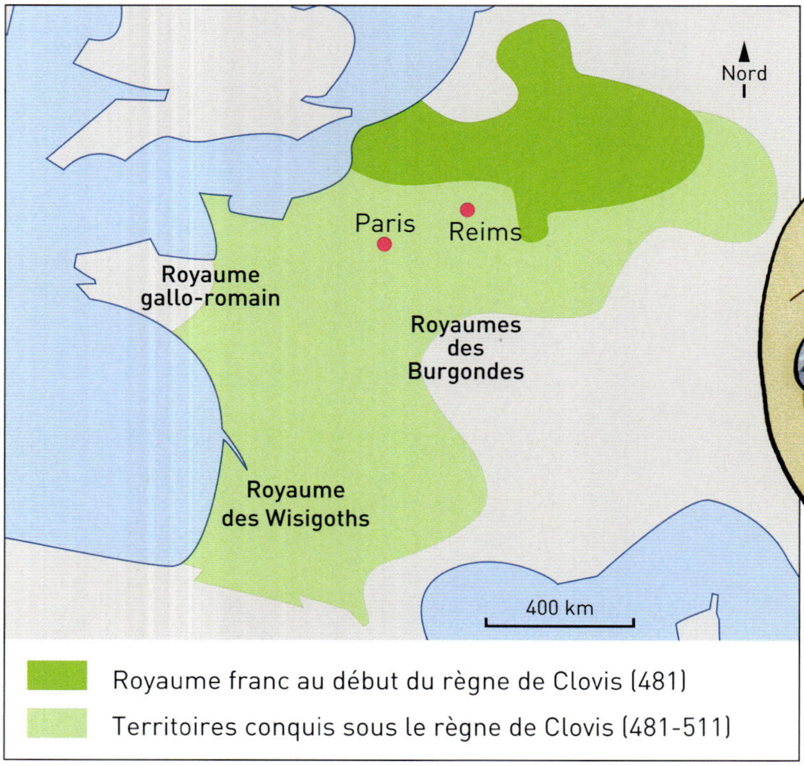

1. Où les Francs étaient-ils installés au début du règne de Clovis ?
2. Quels étaient les autres royaumes en Gaule ? Lesquels ont été conquis sous le règne de Clovis ?
3. Sur la frise chronologique, situe le règne de Clovis.
4. Décris l'arme de ce guerrier franc et la manière dont il l'utilise.

Les Francs en Gaule DOC. A

Les « Barbares », arrivés en Gaule au IVe et au Ve siècle, y fondèrent plusieurs royaumes. Le territoire se trouva partagé entre les Gallo-Romains, les Francs, les Wisigoths et les Burgondes. En 481, le chef d'une tribu de Francs, Clovis, unit tous les Francs sous son commandement et devint leur roi. Il créa ainsi le Royaume franc, qui s'étendait sur le sur le nord de la Gaule.

Clovis à la conquête de la Gaule DOC. A

Sous le règne de Clovis, les Francs se lancèrent à la conquête de nouveaux territoires. Ils conquirent le royaume gallo-romain à l'ouest, puis le royaume des Wisigoths au sud. Ils attaquèrent les petits royaumes des Burgondes à l'est. Les Francs se convertirent au christianisme et obtinrent ainsi le soutien des chrétiens vivant en Gaule. Cela facilita leur conquête de tout le territoire de la Gaule.

-1000 -900 -800 -700 -600 -500 -400 -300 -200 -100 1 100 200 300 400

B Les Mérovingiens

Le royaume des Francs partagé entre les fils de Clovis, miniature du XVe siècle

5. Nomme les villes représentées.
6. Dans chacune, repère le roi. À quoi le reconnais-tu ? Combien Clovis avait-il de fils ?
7. À ton avis, le partage du royaume a-t-il augmenté ou réduit le pouvoir des rois ?

La famille des Mérovingiens, celle des rois des Francs, perdit peu à peu tout pouvoir. Le roi ne faisait que porter le titre de roi et rester assis sur son trône, les cheveux flottants et la barbe pendante. Il recevait les messagers des autres pays, les écoutait mais transmettait les ordres qu'on lui dictait. Il ne possédait qu'une petite maison à la campagne, dans laquelle il vivait avec quelques serviteurs. Quand il se déplaçait, il roulait dans un chariot tiré par des bœufs, comme le font les paysans.

D'après Eginhard, écrivain du IXe siècle

8. Lis le texte à droite et explique ce que les rois francs sont devenus.

Les Mérovingiens DOC. B

Après la mort de Clovis, en 511, ses fils puis leurs descendants, que l'on appelle les Mérovingiens, se partagèrent le royaume. Ils se firent la guerre pour tenter d'agrandir chacun leur territoire. Pour obtenir le soutien des chefs dans ces guerres, ils leur distribuèrent des terres et de l'argent, perdant ainsi leurs richesses et leur autorité. Au VIIIe siècle, il ne restait plus qu'un roi franc sans aucun pouvoir.

VOCABULAIRE

un chrétien : une personne qui croit au message de Jésus de Nazareth.
le christianisme : la religion de ceux qui croient en Jésus ; la religion des chrétiens.
une conquête : le fait de s'emparer d'une région par la guerre.
se convertir : adopter une religion.
un règne : la période pendant laquelle une personne est roi ou reine d'un pays.
un royaume : un territoire dirigé par un roi.

600 700 800 900 1000 1100 1200 1300 1400 1500 1600 1700 1800 1900 2000

14 L'HÉRITAGE DE CLOVIS ET DES FRANCS

Comment l'installation des Francs et le règne de Clovis ont-ils marqué notre pays ?

A La France

Carte : du royaume des Francs à la France actuelle

Les Francs ont laissé leur nom à notre pays et à son peuple.

1. **Nomme une région de France qui se trouvait déjà dans le royaume des Francs.**
2. **Nomme une région de France qui ne faisait pas partie du royaume des Francs.**
3. **Comment s'appelaient les voisins des Francs, à l'est ? À quel pays ont-ils laissé leur nom ?**

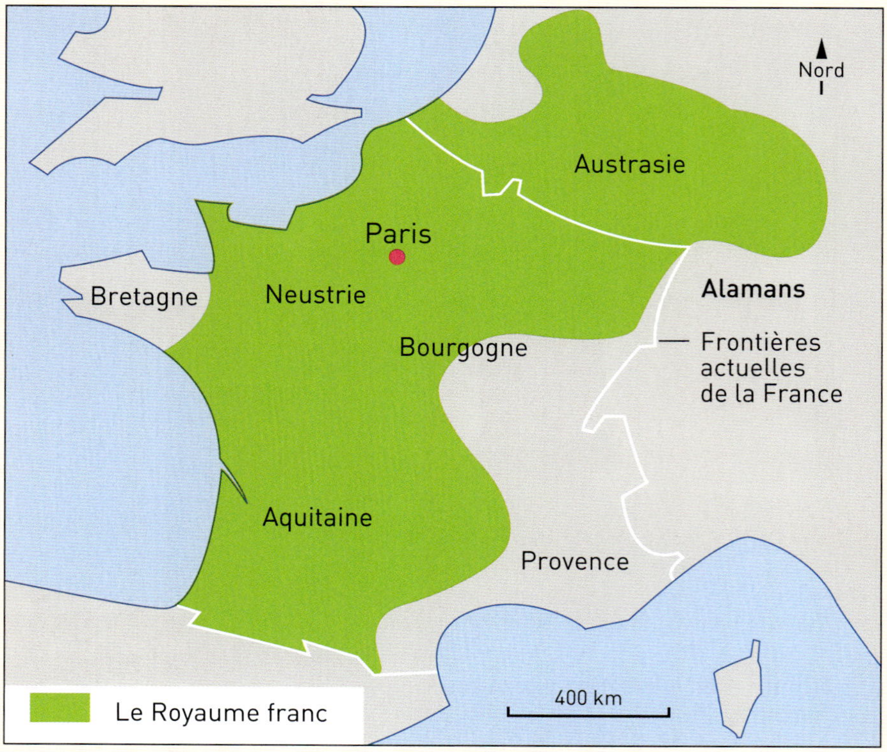

B Le début de la royauté

Le roi Louis XVI, tableau de 1779

Clovis a été le premier roi dans notre pays. À partir de lui et jusqu'en 1792, à la mort du roi Louis XVI, c'est-à-dire pendant près de 1 300 ans, la France a toujours été dirigée par un roi.

4. **Sur la frise chronologique page 32, situe Clovis et Louis XVI. La période pendant laquelle la France a été dirigée par un roi est-elle longue dans l'histoire de France ?**
5. **Sur ce portrait, repère les symboles des rois de France :**
   - **la couronne ;**
   - **le sceptre ;**
   - **le manteau bleu à fleurs de lys.**

C

L'alliance avec l'Église

Le baptême de Clovis, miniature du XIVe siècle

En 496, Clovis s'est converti au christianisme et s'est fait baptiser à Reims. Par ce baptême, il a noué une alliance avec l'Église : il protégeait les chrétiens, et ceux-ci le soutenaient.

6 **Sur l'image, identifie Clovis. À quoi le reconnais-tu ?**

7 **Repère l'évêque qui le baptise.**

8 **De quand cette image date-t-elle ? Est-ce une source de l'histoire ou une reconstitution ? Justifie ta réponse.**

Le sacre du roi Charles VII à Reims en 1429, miniature du XVe siècle

Suivant l'exemple de Clovis, tous les rois de France ont été chrétiens et beaucoup sont allés se faire sacrer roi par un évêque à Reims : là où Clovis avait été baptisé. Ils montraient ainsi qu'ils étaient les héritiers de Clovis, affirmaient détenir leur pouvoir de Dieu et renouvelaient l'alliance entre l'Église et le roi de France.

VOCABULAIRE

- baptiser : faire chrétien par la cérémonie du baptême.
- l'Église : l'ensemble des chrétiens.
- l'évêque : un chef religieux du christianisme, responsable d'une ville et de sa région.
- un sacre : la cérémonie religieuse par laquelle on confirme le pouvoir d'un roi ou d'un empereur.

9 **Décris ce sacre.**

10 **Retrouve trois symboles des rois de France.**

15 Charlemagne et l'empire carolingien

As-tu entendu parler de Charlemagne, dont l'empire s'étendait sur la France et l'Allemagne ?

A Pépin le Bref puis Charlemagne

Carte : du royaume des Francs à l'empire de Charlemagne
Charlemagne, statuette en bronze du IXe siècle

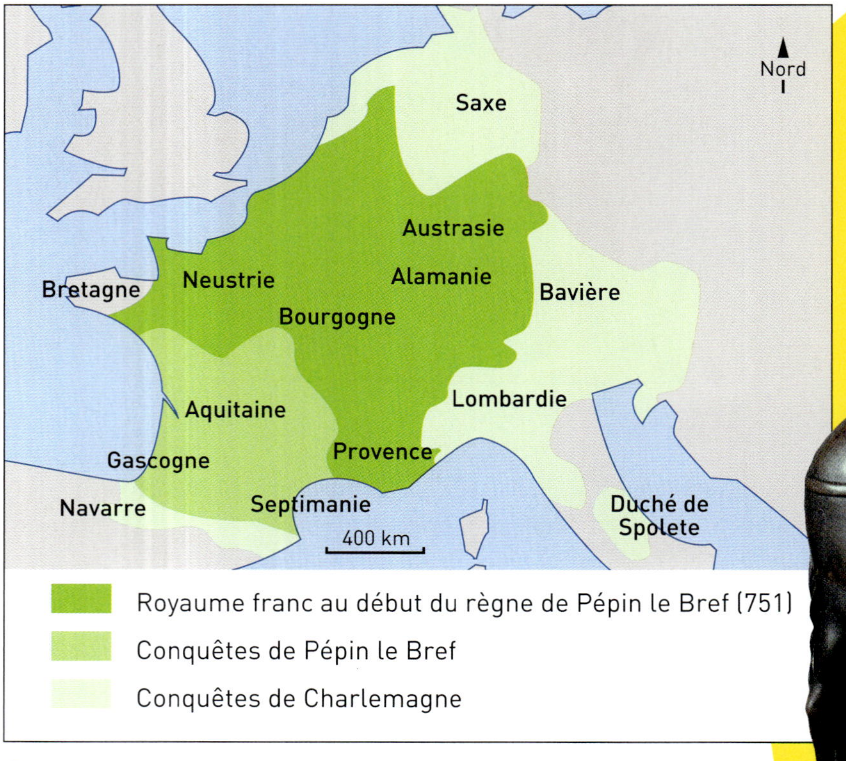

1. Quelles régions le Royaume franc couvrait-il au début du règne de Pépin le Bref ?
2. Quelles régions Pépin le Bref a-t-il conquises ?
3. Quelles régions Charlemagne a-t-il conquises ?
4. Regarde la statuette à droite et décris Charlemagne.

Pépin le Bref puis Charlemagne DOC. A

Au VIIIe siècle, le roi n'avait plus aucun pouvoir sur le royaume. Le maire du palais, Pépin le Bref, se fit sacrer roi à sa place. Il rétablit l'autorité royale. Après sa mort, son fils Charlemagne lui succéda et agrandit le royaume en organisant la conquête de nouveaux territoires. Il incita les populations à se convertir au christianisme. En signe de reconnaissance, le pape le sacra empereur en l'an 800.

L'empire de Charlemagne DOC. A ET B

L'empire de Charlemagne était vaste. Pour bien le contrôler, Charlemagne choisit des hommes fidèles et leur confia à chacun une région. Ces comtes devaient y faire appliquer les lois de l'empire, y rendre la justice, y organiser l'armée et y collecter les impôts. Charlemagne envoya aussi des messagers pour contrôler que les comtes appliquaient ses ordres et respectaient son autorité.

-1000 -900 -800 -700 -600 -500 -400 -300 -200 -100 1 100 200 300 400

B L'empire de Charlemagne

Charlemagne confiant une région à un comte, miniature du XVe siècle

5 À quoi reconnais-tu Charlemagne ?

6 Décris cette scène.

7 Dans quelle position le comte devant lui se trouve-t-il ? À ton avis, pourquoi ?

8 Sur la frise chronologique, situe Charlemagne.

C Les Carolingiens

L'attaque d'un château fort, miniature du IXe siècle

9 Que font ces soldats ?

10 Qui, au IXe, au Xe et au XIe siècle, attaquait les Français ?

11 Comment, ici, le comte protège-t-il les habitants ?

12 En quoi cela lui donne-t-il du pouvoir sur les habitants ?

13 Dans ce cas, que devient l'autorité du roi ?

Les Carolingiens DOC. C

Les descendants de Charlemagne, les Carolingiens, se partagèrent l'empire. L'un d'eux devint roi de la Francie occidentale. Ses successeurs ne réussirent pas à protéger la « France » contre les attaques des Vikings (page 27). Pour défendre leurs terres et les habitants, les comtes créèrent alors leurs propres armées. Peu à peu, ces habitants ne reconnurent plus que leur autorité. Le roi de France perdit son pouvoir sur le pays.

VOCABULAIRE

un comte : un homme qui dirige un territoire pour le roi ou l'empereur.

un empereur : une sorte de roi très puissant.

un empire : un ensemble de territoires dirigés par un empereur.

un maire de palais : la personne qui dirige le palais du roi.

le pape : l'évêque de Rome qui est aussi le chef suprême de l'Église.

rendre la justice : rétablir la justice, la loi.

16 L'HÉRITAGE DE CHARLEMAGNE

Qu'est-il resté de Charlemagne, dans l'histoire et jusqu'à aujourd'hui ?

→ A L'organisation de l'État

Conseil des ministres présidé par François Hollande

Charlemagne s'entourait d'hommes qui le conseillaient et l'aidaient à s'occuper des affaires de l'empire. Nous avons hérité de sa manière d'organiser l'État.

1. **Comment, de nos jours, appelle-t-on les conseillers du président de la République : il y en a un pour la justice, un pour l'Éducation nationale ?**
2. (EMC) **Regarde la photo et relève une différence entre les conseillers de Charlemagne et les ministres aujourd'hui.**
3. (EMC) **Comment, de nos jours, appelle-t-on les personnes qui travaillent pour l'État ?**

→ B Une première Europe ?

L'empire de Charlemagne a réuni différents territoires européens.

4. (EMC) **Compare ces deux cartes : nomme des pays actuels qui faisaient partie de l'empire de Charlemagne.**
5. (EMC) **Trouve un pays fondateur de l'Union européenne qui ne faisait pas entièrement partie de l'empire de Charlemagne.**
6. (EMC) **L'Union européenne repose sur le choix des pays d'en faire partie : était-ce le cas dans l'empire de Charlemagne ?**

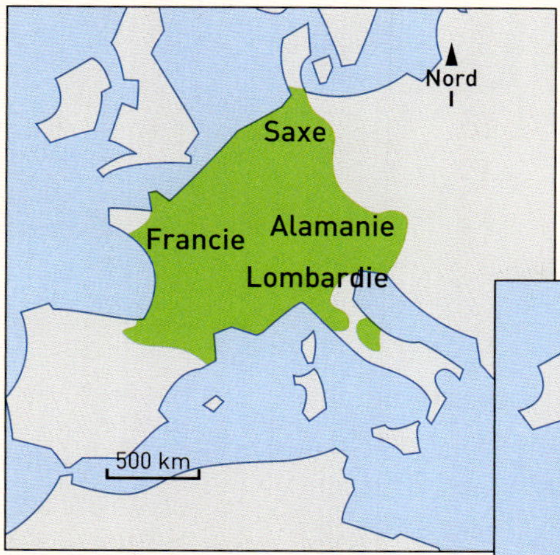

L'empire de Charlemagne

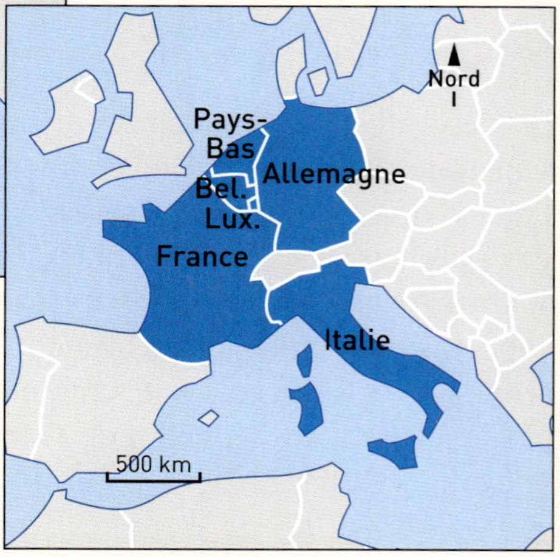

Les pays fondateurs de l'Union européenne

C L'empereur et le pape

Le sacre de Charlemagne par le pape en l'an 800, miniature du XIVe siècle

7. Repère Charlemagne : à quoi le reconnais-tu ?
8. Repère le pape : il pose la couronne sur la tête de Charlemagne.
9. En quoi le sacre par le pape a-t-il donné un important pouvoir à Charlemagne ?
10. Regarde page 87 : près de 1 000 ans après Charlemagne, un autre homme est devenu empereur. Comment s'appelait-il ? Qui l'a sacré empereur ?

D L'inventeur de l'école ?

Une classe de CM1 en France

On raconte parfois que Charlemagne aurait « inventé » l'école. En réalité, l'école existait déjà au temps des Gallo-Romains (regarde page 25). Mais Charlemagne a encouragé l'Église à ouvrir des écoles, car il avait besoin d'hommes capables de lire les ordres qu'il envoyait et d'écrire pour le tenir informé de ce qui se passait dans l'empire.

Le savais-tu ? Charlemagne lui-même savait à peine lire et ne savait pas écrire.

Je fais le bilan du **chapitre 1**

L'histoire

1 Je peux expliquer ce qu'est l'histoire.
Je peux dire comment on connaît le passé.

2 Je sais quand la préhistoire s'est terminée.

Le peuplement ancien du territoire français

3 Je peux donner trois informations sur les premiers habitants de la France et la manière dont ils vivaient.

La Gaule

4 Je sais qui étaient les Gaulois.
Je peux nommer au moins une chose qu'ils nous ont laissée.

5 Je peux expliquer la différence entre les Romains et les Gallo-Romains et je peux dire au moins une chose que les Gallo-Romains nous ont laissée.

6 Je connais la date à laquelle les Romains ont vaincu Vercingétorix et les tribus gauloises.

Les grands mouvements de population

7 Je peux nommer au moins deux peuples qui, dans le passé, ont migré pour s'installer en France et je peux dire au moins une chose qu'ils nous ont laissée.

De Vercingétorix à Charlemagne

8 Je sais qui sont Vercingétorix, Clovis et Charlemagne.
Je suis capable de les nommer dans l'ordre chronologique.
Je peux expliquer le rôle qu'ils ont joué dans l'histoire de France.

2

Le temps des rois

17 La France du XIIIe siècle

Au Moyen Âge, les livres étaient copiés à la main, le plus souvent par des moines. Pour les orner, ceux-ci dessinaient des petites scènes : ce sont des « miniatures ». Celles-ci témoignent de la vie des Français à cette époque.

A Les seigneurs

Attaque d'un château fort, miniature du XIIe siècle

Depuis les migrations vikings, la France était divisée entre les seigneurs. Chacun exerçait son autorité sur ses terres. Pour se protéger et protéger ceux qui y vivaient, les seigneurs faisaient construire des châteaux forts.

1. Décris cette scène.

2. Repère les différentes parties de ce château et trouve à quoi elles servaient :
   - les murs ;
   - les tours ;
   - le fossé.

3. Repère le pont-levis : la grande porte que l'on abaisse pour franchir le fossé autour du château, et que l'on relève pour empêcher les ennemis d'entrer.

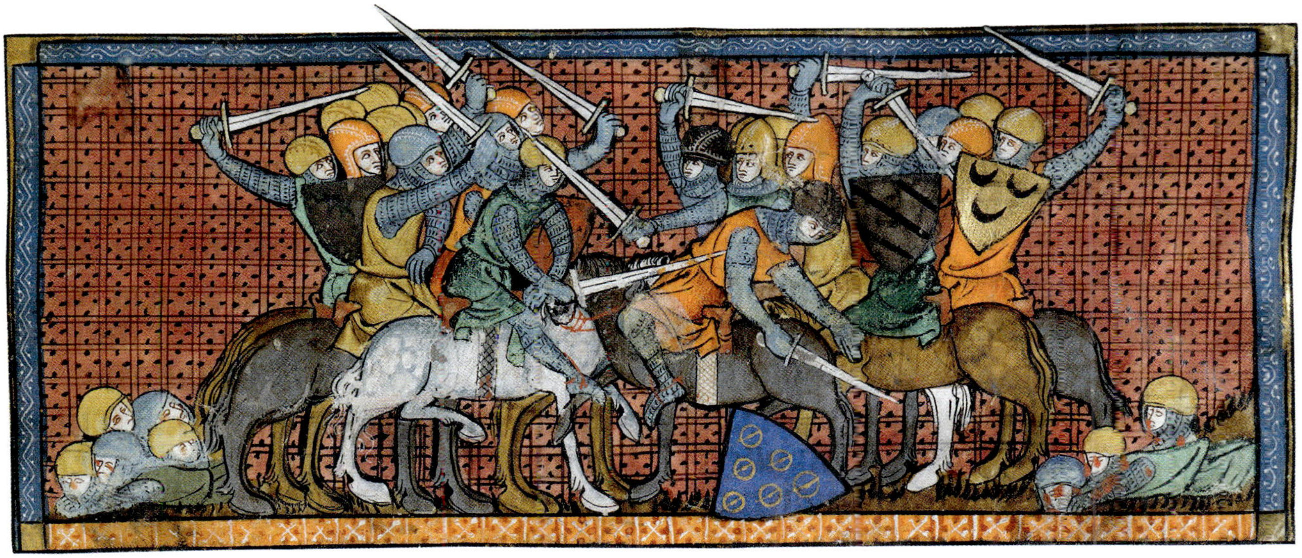

B Les chevaliers Miniature du XIIIe siècle

Les seigneurs consacraient leur vie à la guerre : pour défendre leurs terres et attaquer les terres de leurs voisins. Ils se faisaient aider par des guerriers à cheval : des « chevaliers ».

4 Décris cette scène.

5 Nomme les armes et les éléments d'équipement de ces chevaliers.

C Les paysans

Miniature du XIIIe siècle

La plupart des Français vivaient à la campagne : ils étaient paysans. Ils étaient pauvres et menaient une vie difficile.

6 Que font ces paysans ?

7 Quels outils utilisent-ils ?

8 EMC La moitié de la population française était peu représentée sur les miniatures : on ne les voit pas sur cette double page. De qui s'agit-il ?

9 EMC Qu'est-ce que cela nous dit sur leur place dans la société de cette époque ?

18 Louis IX, roi de France au XIIIe siècle

**Au XIIIe siècle, les rois de France avaient peu de pouvoirs.
Louis IX fut l'un des premiers à chercher à établir son autorité.**

A Le seigneur des seigneurs

Le sacre de Louis IX, miniature du XIVe siècle

Le sacre de Louis IX dans la cathédrale de Reims indiquait à la fois qu'il tenait son pouvoir de Dieu et qu'il était l'héritier de Clovis, premier roi en France. Lors de la cérémonie, il s'engageait à faire régner la justice et la paix, et à respecter les libertés de l'Église.

1. **Décris cette scène.**
2. **Louis IX est devenu roi à l'âge de 12 ans : comment est-il représenté ?**
3. **Retrouve trois signes de la royauté française.**
4. **Sur la frise chronologique, situe le règne de Louis IX.**

Le seigneur des seigneurs DOC. A

Au XIIIe siècle, le roi de France était un seigneur parmi les autres. Comme eux, il exerçait son autorité sur un domaine : le domaine royal. Il n'avait pas de pouvoir sur le reste du pays. Mais son sacre dans la cathédrale de Reims faisait de lui le plus important des seigneurs du royaume. Il ne jurait fidélité à aucun autre seigneur. Au contraire, les autres seigneurs devaient lui jurer fidélité. C'est ainsi que débuta le règne de Louis IX.

L'agrandissement du domaine royal DOC. B

Au XIIIe siècle, le domaine royal était petit. Comme d'autres rois avant lui, Louis IX l'agrandit. Il acheta des domaines dans le centre de la France. Il imposa au roi d'Angleterre de lui céder la Normandie, la Touraine, l'Anjou et le Poitou. Il hérita du Languedoc. Il est alors devenu le plus puissant des seigneurs de France.

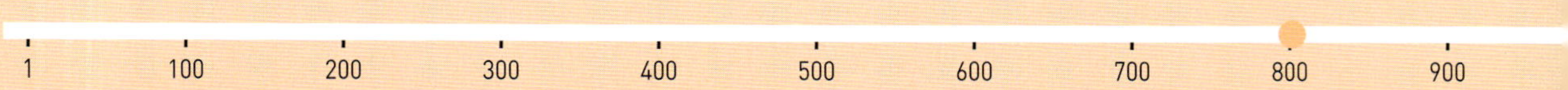

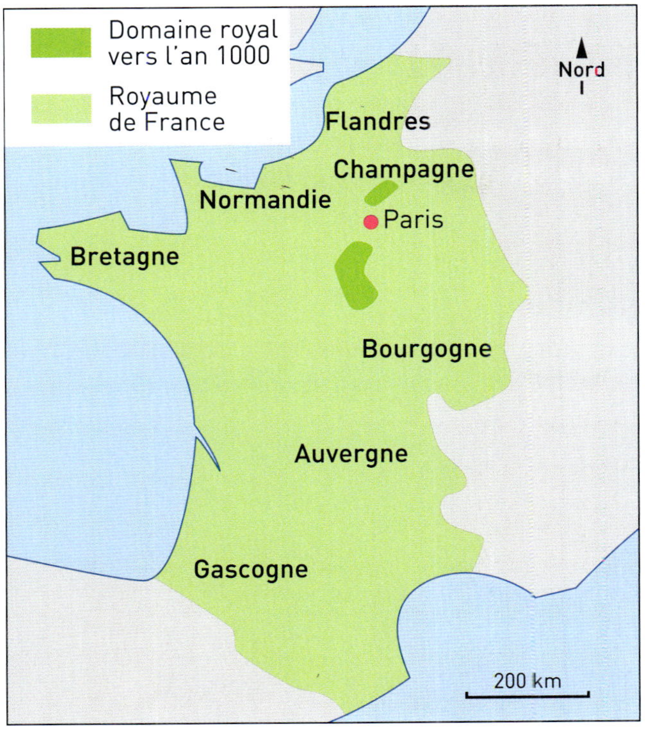

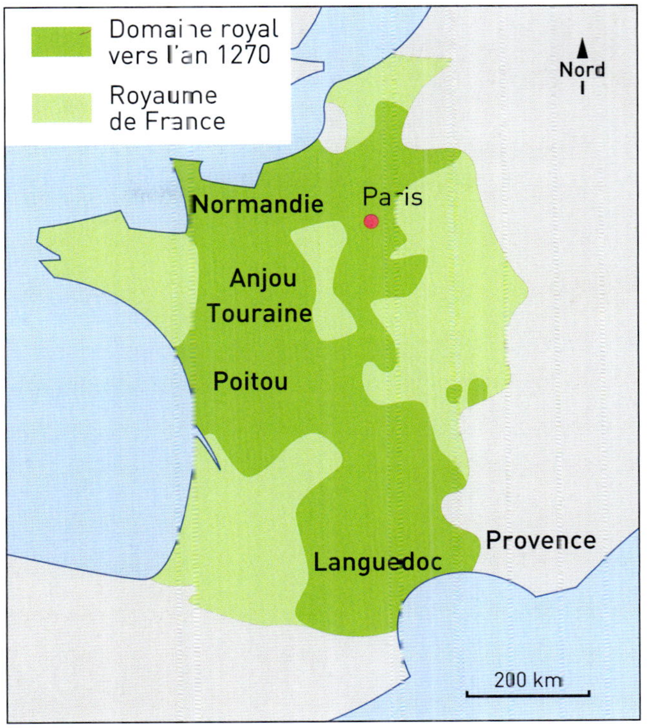

B L'agrandissement du domaine royal (1000-1270)

La France vers l'an 1000 et en 1270, à la fin du règne de Louis IX

5 Comment était le domaine royal vers l'an 1000 ?

6 Quelles régions ont été acquises entre l'an 1000 et la fin du règne de Louis IX en 1270 ?

7 À ton avis, pourquoi Louis IX a-t-il cherché à agrandir le domaine royal ?

C Le pouvoir royal

8 Qui est l'auteur de ce texte ? Pourquoi parle-t-il de lui-même à la première personne du pluriel ?

9 Quelles sont les obligations pour les représentants du roi ?

10 Quelles sont les interdictions ? Pourquoi le roi a-t-il décidé ces interdictions ?

Nous, Louis, roi de France par la grâce de Dieu, décidons que tous nos représentants doivent prêter serment. Ils rendront la justice à tous, sans exception, aux pauvres aussi bien qu'aux riches, et aux étrangers aussi bien qu'à leurs proches. Ils ne prendront ni ne recevront ni or ni argent ni autre chose. Si nos représentants agissent mal, nous voulons qu'ils soient punis.

D'après la Grande Ordonnance de Louis IX, 1254

Le pouvoir royal DOC. C

Durant son règne, Louis IX renforça son pouvoir. Il installa des représentants dans différentes régions et les chargea de rendre la justice, de collecter les impôts et de trouver des soldats pour l'armée royale. Il envoya des enquêteurs surveiller le travail de ces représentants. Il chargea le Parlement de vérifier comment la justice était rendue dans les tribunaux. Alors que chaque région avait sa propre monnaie, il créa une monnaie valable dans tout le royaume.

VOCABULAIRE

un domaine : les terres contrôlées par un seigneur.

le Parlement : autrefois, le tribunal le plus important ; de nos jours, l'ensemble des députés et des sénateurs.

un seigneur : un homme qui a tout pouvoir sur un territoire et sur ceux qui y habitent.

un tribunal : le lieu où les juges rendent la justice.

1100 1200 1300 1400 1500 1600 1700 1800 1900 2000

19 LOUIS IX, UN ROI CHRÉTIEN

Louis IX était un roi chrétien. La religion avait tant d'importance pour lui que, quelques années après sa mort, l'Église en a fait un saint : saint Louis.

A La place de la religion chrétienne au XIIIe siècle

Un mariage chrétien, miniature du XIIIe siècle

1. Décris cette scène : le prêtre, les mariés, ceux qui les entourent…
2. Trouve d'autres situations où l'Église intervenait : dans les étapes de la vie ; dans l'année ; dans la vie du roi…
3. De nos jours, quelles fêtes religieuses marquent les étapes de la vie de certaines personnes ?

La place de la religion chrétienne DOC. A

Au XIIIe siècle, presque tous les Français étaient chrétiens. Chaque ville, chaque village avait son église. L'Église s'occupait des écoles, des hôpitaux, des voyageurs, des pauvres et des malades. Des fêtes religieuses rythmaient l'année : Noël, Pâques… L'Église intervenait dans toutes les étapes de la vie : le baptême, le mariage, le sacre des rois… Elle imposait ses règles dans tous les domaines de la vie.

Louis IX et la religion DOC. B

Louis IX était un chrétien très pratiquant : la religion avait une grande importance pour lui. Il vivait de manière simple, suivant le message de Jésus de Nazareth. Il donnait à manger aux pauvres et venait en aide aux malades. Il demandait conseil à l'Église pour les décisions importantes. Il fit construire ou reconstruire plusieurs églises et abbayes : la Sainte Chapelle à Paris, l'abbaye de Saint-Denis…

1 100 200 300 400 500 600 700 800 900

B Louis IX et la religion

4. Que faisait Louis IX pour mener une vie simple ? pour venir en aide aux pauvres ?
5. Penses-tu que c'est habituel pour un roi de se comporter ainsi ?

Le roi se conduisait très religieusement. Il ne portait jamais de fourrure blanche ni de beaux tissus. Ses robes étaient en gros tissu beige ou bleu. Il faisait l'aumône partout où il allait dans le royaume. Il distribuait de l'argent aux églises, aux hôpitaux et aux pauvres. Chaque jour, il donnait à manger à un grand nombre de pauvres. On le voyait souvent couper lui-même le pain et leur servir à boire.

D'après Jean de Joinville, écrivain, vers 1309

C Les Croisades

Louis IX en croisade à Jérusalem, miniature du XIVe siècle

6. À quoi reconnais-tu Louis IX ?
7. Décris cette scène : la ville, les soldats musulmans, les Français au pied de la ville, les armes utilisées.

Les Croisades DOC. C

Au VIIe siècle, les Arabes, devenus musulmans, avaient conquis un immense territoire, dont la Terre sainte. Du XIe au XIIIe siècle, des milliers de chrétiens d'Europe partirent en guerre pour tenter de la reprendre : ce furent les Croisades. Louis IX lui-même participa aux Croisades à plusieurs reprises et mourut durant l'une d'elles. Cela augmenta son autorité, même s'il ne parvint pas à reconquérir la Terre sainte.

VOCABULAIRE

une abbaye : le bâtiment dans lequel vit un groupe de religieux dirigés par un abbé.

les Croisades : les huit guerres qui ont opposé les chrétiens et les musulmans, du XIe au XIIIe siècle.

une église : un bâtiment dans lequel les chrétiens prient.

un saint : une personne admirée dans une religion car elle a vécu de manière exemplaire.

la Terre sainte : le pays dans lequel Jésus de Nazareth est né, a vécu et est mort.

1100 1200 1300 1400 1500 1600 1700 1800 1900 2000

20 L'HÉRITAGE DE SAINT LOUIS

Saint Louis fut roi de 1226 à 1270, c'est-à-dire pendant une grande partie du XIIIe siècle. Il fait partie des rois qui ont marqué l'histoire de France.

A L'image d'un « bon roi »

Louis IX et les pauvres, miniature du XIVe siècle

Louis IX a laissé de lui l'image d'un « bon roi », très chrétien.

1. À quoi reconnaît-on Louis IX ? Comment est-il habillé ? Que fait-il ?
2. Pour montrer sa sainteté, on l'a représenté avec une « auréole » sur la tête : trouve ce que c'est.

Portraits de Louis XIII, Louis XIV, Louis XV et Louis XVI

La tradition rapporte que, chaque dimanche, saint Louis s'installait sous un chêne pour écouter ses sujets et rendre la justice. Cette image de roi bon, s'occupant de son peuple comme un père de ses enfants, a servi de modèle aux rois qui lui ont succédé. De 1610 à 1792, tous les rois de France ont porté le nom de Louis pour lui ressembler.

3. As-tu déjà entendu parler de l'un de ces rois ? Que sais-tu à son sujet ?

B L'autorité du roi

Serment de fidélité du roi d'Angleterre au roi de France, miniature, XVe siècle

Louis IX a imposé son autorité. Comme les autres seigneurs, le roi d'Angleterre, qui possédait de nombreux domaines en France, a dû prêter serment de fidélité au roi de France.

4 **Identifie le roi de France et le roi d'Angleterre.**

5 **Dans quelle position le roi d'Angleterre se trouve-t-il ? Pourquoi ?**

C Paris, la capitale

L'ancien palais de la Cité

Louis IX a contribué à faire de Paris une véritable capitale. Il y a installé le Parlement. Il a fait agrandir le palais de la Cité et construire la Sainte Chapelle. À sa mort, Paris était la ville la plus peuplée d'Europe.

6 **Décris le palais de la Cité.**

7 **Repère la Sainte Chapelle qui dépasse.**

D La première monnaie « unique »

L'écu de Louis IX et l'euro

La monnaie de Louis IX, valable dans tout le royaume, a facilité le commerce entre les régions et montré la puissance royale.

8 **Sur cette pièce, retrouve l'écu (le bouclier) des rois de France.**

9 **À quoi une monnaie unique sert-elle ?**

21 François Ier, roi de France au XVIe siècle

Environ 250 ans après Louis IX, François Ier devint roi de France. Il régna de 1515 à 1547.

A

Le pouvoir royal

François Ier et sa Cour, miniature de 1534

1. Sur cette image, situe et décris François Ier.
2. Sur la frise chronologique, situe le règne de François Ier. Était-ce longtemps après Louis IX ?
3. Décris la Cour autour de lui : les personnes, leur habillement, leur attitude.
4. Comment l'artiste montre-t-il l'importance du roi ?

Le pouvoir royal DOC. A

François Ier voulait que le roi de France ait un réel pouvoir sur le royaume. Pour cela, il se faisait aider par des conseillers mais prenait lui-même les décisions importantes. Contrairement à d'autres rois avant lui, il ne réunit pas les états généraux et décida seul de l'augmentation des impôts. Il rassembla les grands seigneurs à la Cour pour mieux les surveiller. Il agrandit le domaine royal jusqu'à ce qu'il couvre la France entière.

Agrandir la France DOC. B

François Ier voulait agrandir le royaume de France. Dans ce but, il entreprit des guerres contre l'Italie et l'empire de Charles Quint, ses voisins. Mais il ne réussit pas à conquérir de nouveaux territoires.
Il s'intéressa aussi à l'Amérique, que les Européens venaient de découvrir, et encouragea les explorations, dont celles de Jacques Cartier au Canada (voir page 72).

1 100 200 300 400 500 600 700 800 900

B Agrandir la France

Carte des guerres menées par François Ier

5 Sur la carte, situe la France.

6 Nomme au moins une région intégrée au domaine royal sous François Ier.

7 Nomme et situe les pays contre lesquels François Ier a fait la guerre.

8 François Ier est-il parvenu à conquérir de nouveaux territoires ?

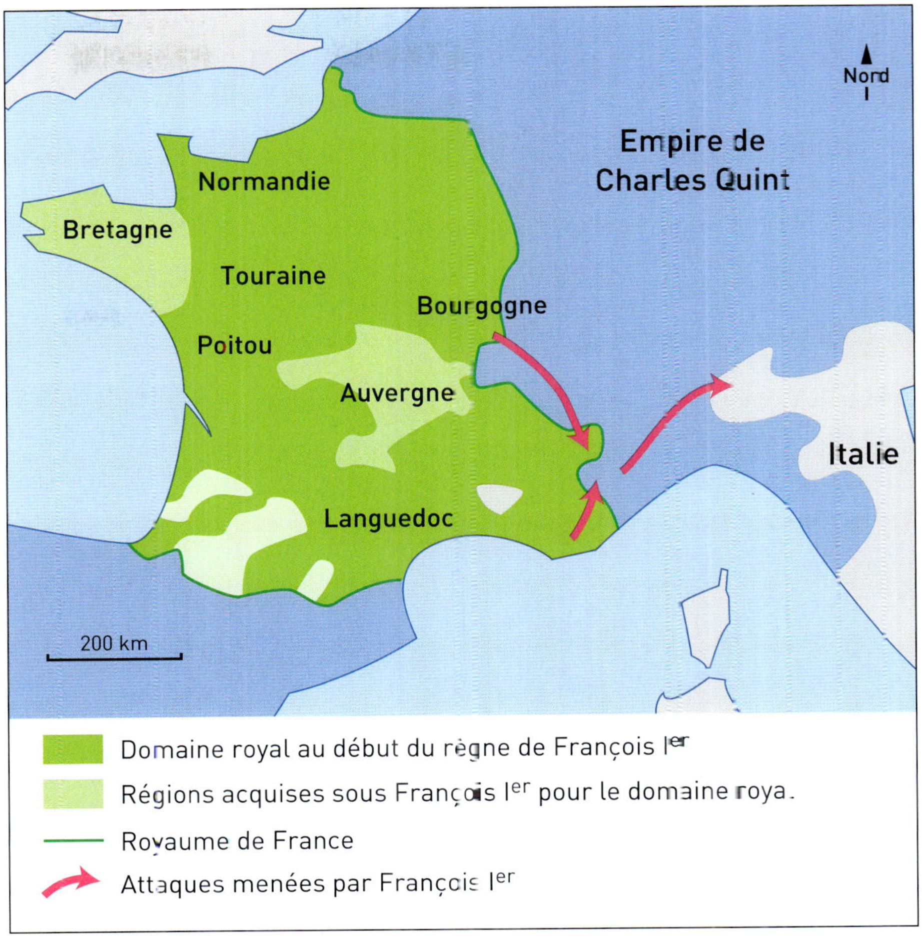

C La France de François Ier

9 Qui est l'auteur de ce texte ?

10 Quels éléments du texte montrent que le roi avait beaucoup de pouvoirs ?

11 Explique la dernière phrase du texte.

Le roi peut se vanter d'avoir dépassé ceux qui l'ont précédé. Il fait payer plus d'impôts que jamais. Il gagne de nouvelles terres pour le domaine royal sans en perdre aucune. Personne à la Cour n'ose contester ce que dit Sa Majesté. Les Français ont entièrement confiance et ont remis leur liberté et leur volonté entre les mains du roi. Il lui suffit de dire : « Je veux telle somme, j'ordonne ceci ; je consens à cela. » Et c'est aussitôt exécuté, aussi vite que si la population avait pris cette décision elle-même. Tout dépend de lui seul, la paix et la guerre, les impôts… Bref le roi est le maître absolu.

D'après Marino Cavalli, ambassadeur de Venise en France, 1546

La France de François Ier DOC. C

Au XVIe siècle, la population française se composait essentiellement de paysans, presque tous catholiques, qui respectaient le roi et son autorité. La France était un pays riche. Elle connaissait une forte croissance économique, qui permit aux nobles, aux grands commerçants et aux riches agriculteurs de s'enrichir davantage. Mais les petits paysans demeuraient pauvres.

VOCABULAIRE

les catholiques : les chrétiens qui obéissent au pape.
la Cour : les personnes qui vivent dans l'entourage d'un roi.
la croissance économique : une période d'augmentation des richesses dans un pays, une région.
les états généraux : la réunion des représentants des Français convoqués par le roi de France.
une exploration : un voyage pour découvrir et étudier une région que l'on ne connaît pas.
les nobles : les descendants des seigneurs.

1100 1200 1300 1400 1500 1600 1700 1800 1900 2000

22 François Ier, protecteur des arts et des lettres à la Renaissance

La Renaissance est un mouvement artistique né en Italie au XVe siècle. Rapporté en France par le roi François Ier, il s'y est développé.

A La Renaissance

La Naissance de Vénus, tableau de Botticelli, vers 1484

Ce tableau représente une histoire de l'Antiquité : la naissance de Vénus, déesse de la Beauté, fille du dieu du Ciel et de la déesse de la Mer.

1 (Arts) **Quel adjectif te semble le mieux qualifier Vénus : lumineuse, douce, fragile, élégante ?**

2 (Arts) **Comment les détails ont-ils été peints : les cheveux, le ventre, le tissu du manteau ?**

La Renaissance DOC. A

Les artistes de la Renaissance cherchaient à représenter avec exactitude le corps humain et ses attitudes, ainsi que la perspective. Contrairement aux artistes des périodes précédentes, ils ne peignaient et ne sculptaient plus seulement des scènes religieuses mais aussi des histoires de l'Antiquité. Les penseurs de l'époque, les humanistes, réfléchissaient à la manière de rendre les hommes plus savants et la société plus tolérante et plus juste.

François Ier, protecteur des arts DOC. B

François Ier découvrit la Renaissance pendant les guerres en Italie et permit le développement de ce mouvement artistique en France. Il fit venir des artistes italiens comme Léonard de Vinci, et leur commanda des œuvres d'art : des tableaux, des sculptures, la construction de châteaux… Il encouragea les grands seigneurs à suivre son exemple en faisant construire d'autres châteaux et en commandant à leur tour des œuvres d'art.

 1 100 200 300 400 500 600 700 800 900

B François Ier, protecteur des arts

Salle de bal du château de Fontainebleau, XVIe siècle

Jusqu'alors, les châteaux étaient, pour la plupart, sombres et sans confort.
Les châteaux commandés par François Ier possédaient, en revanche, d'immenses salons richement décorés, dans lesquels le roi organisait des bals, des concerts, des banquets...

3 **Décris cette salle de bal et ses décorations.**

C François Ier, protecteur des lettres

Livre de prière vers 1508

Durant toute sa vie, François Ier a collectionné les livres écrits à la main ou imprimés, souvent ornés de belles miniatures.

4 **Décris cet ouvrage.**

François Ier, protecteur des lettres DOC. C

François Ier aimait la littérature. Il s'entoura d'écrivains et de poètes. Il favorisa le développement de l'imprimerie, mise au point au XVe siècle par l'Allemand Gutenberg : elle permettait de fabriquer beaucoup plus de livres que lorsqu'ils étaient écrits à la main. Il encouragea la création de bibliothèques et se constitua pour lui-même une importante collection de livres.

VOCABULAIRE

un humaniste : une personne qui considère que l'être humain est plus important que tout.

l'imprimerie : la technique qui permet de reproduire des livres en grand nombre.

la littérature : les textes dans les livres.

la perspective : le dessin d'un objet tel qu'on le voit dans l'espace.

tolérant : qui accepte les autres avec leurs différences.

23 L'ART DE LA RENAISSANCE

En Italie comme en France, l'art de la Renaissance s'est exprimé dans la peinture, la sculpture et l'architecture.

A La peinture

Les Noces de Cana, tableau de Véronèse, 1563, 10 mètres de large

1. Décris cette scène.
2. Où la scène se passe-t-elle ?
3. (Arts) Parmi les 130 personnages de ce tableau, choisis-en un et décris-le.
4. (Arts) Remarque comme les détails, les plis des vêtements ressemblent à la réalité.

Ce tableau représente un épisode de la vie de Jésus de Nazareth, qui assiste à un mariage.

5. Retrouve des éléments de cette histoire :
   - les mariés, à gauche de la table ;
   - Jésus, au centre du tableau, reconnaissable à son auréole.

Les peintres de la Renaissance ont mis au point des techniques pour donner une impression de perspective.

6. (Arts) Les personnages devant et ceux au loin ont-ils la même taille ?
7. (Arts) Avec ta règle, suis les lignes des bâtiments : sont-elles horizontales ? As-tu l'impression que les bâtiments sont penchés ?

B La sculpture

Diane appuyée sur un cerf,
1549, fontaine du château d'Anet

Les artistes de la Renaissance cherchaient à représenter la beauté la plus parfaite possible.

8 Pour toi, le corps de Diane est-il bien représenté ? Justifie ta réponse.

9 La statue représente Diane, déesse de la Chasse dans l'Antiquité : quel élément le montre ?

10 *Arts* Observe comment l'artiste a placé cet élément pour créer un équilibre avec le cerf.

11 La statue représente également Diane de Poitiers, la maîtresse du roi de l'époque : quel élément représente le roi ? Quelle partie évoque sa couronne ?

C L'architecture

Le château d'Azay-le-Rideau, XVIe siècle

François Ier a fait construire de magnifiques châteaux le long de la Loire, dont celui-ci.

12 Décris ce château : sa forme, le toit, les ouvertures, l'environnement…

13 Connais-tu le nom d'autres châteaux de la Loire ?

24 L'HÉRITAGE DE FRANÇOIS Ier

François Ier a laissé de nombreux héritages qui, aujourd'hui encore, ont des conséquences sur notre vie.

A La langue française

L'ordonnance de Villers-Cotterêts, 1539

Depuis l'époque gallo-romaine, les documents officiels étaient écrits en latin. En 1539, François Ier prit la décision qu'ils seraient désormais écrits en français, de façon que chacun puisse les comprendre.

1 (EMC) **De nos jours, quelle langue est utilisée en France, dans les documents officiels ?**

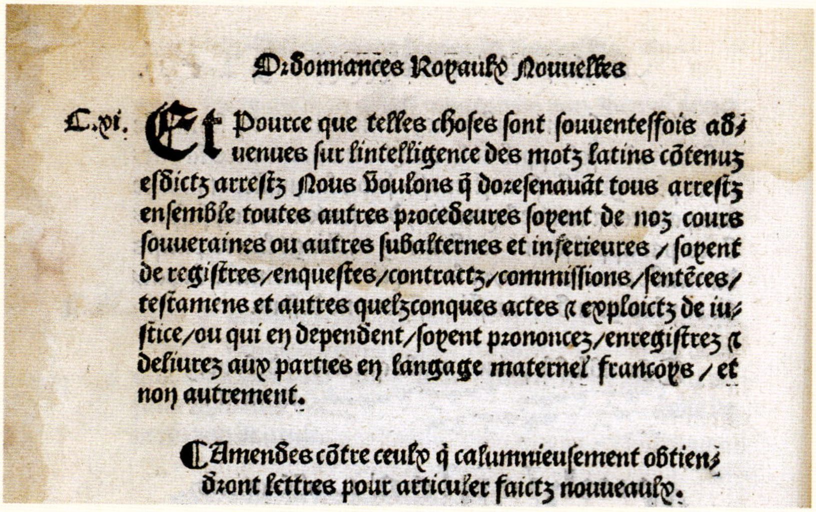
Ordonnances Royaulx Nouuelles

C.xi. Et Pource que telles choses sont souuentesfois ad-uenues sur lintelligence des motz latins cōtenuz esdictz arrestz Nous voulons q̃ doresenauāt tous arrestz ensemble toutes autres procedeures soyent de noz cours souueraines ou autres subalternes et inferieures / soyent de registres/enquestes/contractz/commissions/sentēces/ testamens et autres quelzconques actes et exploictz de iu-stice/ou qui en dependent/soyent prononcez/enregistrez et deliurez aux parties en langage maternel francoys / et non autrement.

Amendes cōtre ceulx q̃ calumnieusement obtien-dront lettres pour articuler faictz nouueaulx.

B L'état civil

Service de l'état civil de Lorient

François Ier a également décidé que les églises devaient tenir des listes de baptêmes, de mariages et de décès. De cette façon, on pouvait connaître l'âge de chaque Français et les événements importants de sa vie. C'est l'origine de l'état civil.

2 **Pourquoi, à l'époque, a-t-on confié ce travail aux églises ?**

3 (EMC) **De nos jours, où enregistre-t-on les naissances ?**

4 (EMC) **Quels autres événements de la vie enregistre-t-on à l'état civil ?**

5 (EMC) **Que se passerait-il pour toi si tu n'avais pas été enregistré à la naissance ?**

C La Joconde

La Joconde, tableau de Léonard de Vinci, 1503-1506
et exposition du tableau au musée du Louvre, de nos jours

En 1516, François Ier a invité l'artiste italien Léonard de Vinci à venir vivre en France. Celui-ci a rapporté dans ses bagages quelques tableaux, dont son préféré, *La Joconde*. François Ier le lui a acheté. C'est ainsi que le tableau est resté en France. De nos jours, il est exposé au musée du Louvre.

6 Le tableau semble-t-il plaire aux visiteurs ?

7 Et toi, aimes-tu *La Joconde* ? Pourquoi ?
Arts

D Les châteaux de la Loire

Le château de Chambord, XVIe siècle

500 ans après François Ier, les châteaux de la Loire attirent chaque année des millions de visiteurs venus du monde entier. Ils contribuent à faire de la France le premier pays touristique du monde.

8 As-tu déjà visité un château de la Loire ?

9 Connais-tu d'autres monuments français visités par les touristes ?

25 HENRI IV (1589-1610) ET L'ÉDIT DE NANTES

**Au XVIe siècle, presque tous les Français étaient chrétiens.
Mais une profonde division est alors née entre les chrétiens.**

A Le protestantisme et les guerres de religion

Massacre de la Saint-Barthélemy, tableau de 1576-1584

Dans la nuit du 23 au 24 août 1572, le jour de la saint Barthélemy, le roi Henri III ordonna que l'on massacre les nobles protestants. Des dizaines de milliers de personnes périrent.

1. Explique avec tes propres mots ce qu'est le protestantisme ?
2. L'Église catholique était opposée au protestantisme : à ton avis, pourquoi ?
3. Depuis quand les rois de France étaient-ils chrétiens ? Quels liens avaient-ils avec l'Église catholique ?
4. D'après cette scène, à quoi l'intolérance religieuse conduit-elle ?

Le protestantisme DOC. A

Au XVIe siècle, des chrétiens fondèrent une nouvelle religion : le protestantisme. Comme les autres chrétiens, les protestants croient que Jésus de Nazareth est le fils de Dieu. Mais ils ne reconnaissent pas l'autorité du pape et de l'Église. Ils souhaitent avoir une relation directe avec Dieu, sans passer par eux. Au XVIe siècle, le protestantisme se propagea en France et les Français se divisèrent entre catholiques, fidèles au pape, et protestants.

Les guerres de religion DOC. A

L'Église catholique se montrait hostile envers le protestantisme, car elle avait peur de perdre sa puissance. Les rois craignaient que les divisions entre les Français affaiblissent le pouvoir royal et que les nobles protestants ne respectent pas leur autorité. C'est pourquoi ils interdirent le protestantisme. Les catholiques, majoritaires et soutenus par le roi, affrontèrent les protestants dans une sanglante guerre civile, qui dura de 1562 à 1589.

1 100 200 300 400 500 600 700 800 900

B Henri IV, protestant puis catholique

Conversion d'Henri IV, tableau du XVIe siècle

Comme Henri IV était protestant, les catholiques refusaient de reconnaître son autorité. Le roi dut donc se convertir au catholicisme.

5. Décris la scène.
6. Quel signe de la royauté est visible sur ce tableau ?
7. Pourquoi Henri IV avait-il besoin de se faire sacrer roi par un évêque ?
8. Sur la frise chronologique, situe Henri IV.

C L'édit de Nantes

9. À qui cet édit accordait-il des droits ?
10. Quels sont : les droits accordés ? les interdits ? les devoirs établis ?
11. Quels articles prônent la tolérance ?
12. EMC Ces droits et ces devoirs sont-ils encore valables ?

Article 2. Nous défendons à tous nos sujets de s'attaquer, de s'insulter, ni de se choquer les uns les autres par les actes ou par les paroles. Nous leur demandons de vivre paisiblement ensemble comme frères, amis et concitoyens.

Article 6. Nous permettrons aux protestants de vivre dans toutes les villes et tous les lieux de notre royaume.

Article 9. Nous permettons aux protestants d'exercer leur religion.

Article 22. Nous ordonnons que tout le monde soit accueilli, sans faire différence entre les religions, dans les universités, dans les collèges, dans les écoles et dans les hôpitaux.

D'après l'Édit de Nantes, 1598

Henri IV et l'édit de Nantes DOC. B ET C

En 1589, à la mort du roi, un protestant lui succéda. Pour se faire sacrer roi et se faire accepter par les catholiques, il dut se convertir au catholicisme. Ce roi, Henri IV, rétablit l'ordre et la paix en France. En 1598, par l'édit de Nantes, il autorisa les protestants à pratiquer leur religion. Cela mit fin aux guerres de religion. Mais Henri IV s'était fait des ennemis et, en 1610, il fut assassiné par Ravaillac, un catholique fanatique.

VOCABULAIRE

- **un édit** : une loi décidée par le roi seul.
- **fanatique** : qui croit à une religion avec excès.
- **une guerre civile** : une guerre à l'intérieur d'un pays, entre ses habitants.
- **l'intolérance** : le fait de ne pas accepter les autres avec leur différence.
- **un protestant** : un croyant du protestantisme.
- **le protestantisme** : la religion des chrétiens qui, depuis le XVIe siècle, se sont séparés des catholiques.

26 L'HÉRITAGE D'HENRI IV

Henri IV était un roi différent de ceux qui l'ont précédé.
Son action en faveur de la tolérance religieuse a marqué l'histoire de France.

A Un roi venu d'ailleurs

Henri IV recevant l'ambassadeur d'Espagne, tableau d'Ingres, 1817

1. **Sur ce tableau, situe Henri IV, en noir. Que fait-il ?**

2. **Situe l'ambassadeur qui lui rend visite. Qu'est-ce que, normalement, le roi devrait faire ?**

La plupart des rois de France sont nés à Paris. Henri IV venait du sud de la France. Il parlait avec un fort accent. Il a montré que l'on peut jouer un rôle important en France, même en n'étant pas parisien.

3. **Fais des recherches : le président de la République et le Premier ministre actuels sont-ils nés à Paris ?**

B La poule au pot

En rétablissant la paix, Henri IV a permis au pays de s'enrichir. Souhaitant que tous profitent de la richesse revenue, le roi aurait dit vouloir que tous les Français mangent une fois par semaine une « poule au pot » : une façon d'espérer que chaque Français mange de la viande.

4. **Et toi, quand as-tu mangé du poulet ou de la poule pour la dernière fois ?**

C L'alliance entre le roi et l'Église

Tableau du XVIIIe siècle

En se convertissant au catholicisme, Henri IV a renforcé l'alliance entre les rois de France et l'Église catholique. Son fils Louis XIII a même choisi un dirigeant de l'Église comme Premier ministre. Cette alliance du pouvoir et de l'Église s'est poursuivie jusqu'au dernier roi de France, et même au-delà.

5 **Repère le roi Louis XIII en jaune ; son ministre le cardinal de Richelieu en rouge.**

6 **Te souviens-tu : de quand date l'alliance entre les rois de France et l'Église ?**

D La tolérance religieuse

Manifestation à Paris en faveur de la liberté et de la tolérance, 2015

Autrefois, ceux qui n'étaient pas catholiques étaient peu nombreux, mis à l'écart, voire persécutés. L'édit de Nantes a été la première décision imposant la tolérance religieuse en France

7 **De nos jours, quelles religions existent en France ?**

8 (EMC) **En France, depuis 1905, le pouvoir ne fait plus alliance avec aucune religion et respecte la liberté religieuse de chacun : quel mot exprime cette situation ?**

27 Le temps des reines

Au temps des rois, les femmes n'avaient pas les mêmes droits que les hommes. Elles avaient une place secondaire dans la société. Quelques reines, pourtant, ont joué un rôle dans l'histoire de France.

A Devenir reine

Le mariage du roi de France, miniature vers 1400

En France, pour devenir roi, il fallait être le fils aîné du roi précédent. Pour devenir reine, il fallait épouser un roi. Le mariage du roi n'était pas une question d'amour mais l'occasion de nouer des alliances avec le père de la mariée, un puissant seigneur ou le roi d'un autre pays, pour obtenir son soutien ou des terres.

1. Sur cette image, retrouve le roi, la mariée et l'évêque qui les marie.
2. La mariée semble-t-elle d'accord avec ce mariage ?
3. La sœur du roi pouvait-elle devenir reine ?

B Le pouvoir des reines ?

Blanche de Castille dirigeant l'éducation de son fils Louis IX, miniature vers 1400

Les reines n'exerçaient pas de pouvoir, mais elles avaient la responsabilité de l'éducation des futurs rois. Et, si leur fils était encore enfant quand leur mari mourrait, elles dirigeaient alors le royaume de France. C'est ce qui est arrivé à Blanche de Castille, la mère de Louis IX.

4. Sur cette image, identifie Blanche de Castille : que porte-t-elle sur la tête ? Où est-elle assise ? Quel geste fait-elle ?
5. Identifie Louis IX : à quoi le reconnais-tu ?

C Aliénor d'Aquitaine

Le mariage d'Aliénor d'Aquitaine, miniature du XVe siècle

La duchesse Aliénor d'Aquitaine est devenue reine de France en 1137. Son mariage rattacha l'Aquitaine au domaine royal.

6 **Sur l'image, retrouve Aliénor d'Aquitaine, le roi et l'évêque qui les marie.**

Aliénor s'est ensuite séparée du roi de France et s'est mariée avec le roi d'Angleterre. L'Aquitaine est alors devenue anglaise.

7 **Regarde l'image en haut de la page 49 et explique cette scène.**

D Anne de Bretagne

Anne de Bretagne, miniature du XVIe siècle

La duchesse Anne de Bretagne est devenue reine de France en 1491.

8 **Combien de temps la sépare d'Aliénor ?**

9 **Sur l'image, retrouve Anne de Bretagne, assise. Que fait-elle ? Qu'est-ce que cela indique sur ses goûts ?**

Anne a dirigé elle-même son domaine : la Bretagne. Quand sa fille, qui en avait hérité, a épousé François Ier, la Bretagne a rejoint le domaine royal.

E Catherine de Médicis

Catherine de Médicis recevant les ambassadeurs, assiette du XIXe siècle

Reine de France en 1547, Catherine de Médicis a exercé le pouvoir après la mort de son mari mais aussi sous les règnes successifs de ses trois fils, qu'elle a fortement influencés pendant trente années.

10 **Sur cette image, retrouve Catherine de Médicis. Pourquoi est-elle en noir ?**

11 **À quoi servent les ambassadeurs ? En quoi les recevoir est-il un pouvoir important ?**

12 **Remets dans l'ordre chronologique : Blanche de Castille, Aliénor d'Aquitaine, Catherine de Médicis et Anne de Bretagne.**

28 LOUIS XIV (1643-1715), LE ROI SOLEIL

As-tu déjà entendu parler du Roi Soleil ?
Sais-tu pourquoi on l'appelle ainsi ?

A La monarchie absolue

Accueil du prince de Condé à Versailles par Louis XIV, tableau du XIXe siècle

Toute puissance, toute autorité réside dans la main du roi. Tout ce qui se trouve dans notre pays nous appartient. Les rois sont seigneurs absolus. Mon intention n'est pas de partager mon autorité. Dieu, qui a donné des rois aux hommes, a voulu qu'on les respecte et Lui seul peut juger leur conduite. Sa volonté est que quiconque obéisse sans discuter. La tête seule doit penser et prendre les décisions. Les autres membres ne sont là que pour exécuter les ordres.

D'après un texte écrit par Louis XIV pour son fils, 1661

1. Lis le texte : comment Louis XIV veut-il gouverner ?
2. Retrouve les deux arguments qu'il emploie pour justifier son pouvoir absolu.
3. Rappelle quelle cérémonie indiquait que le roi tenait son pouvoir de Dieu.
4. Décris ce tableau : le lieu, le roi, le prince de Condé qui le salue, les autres personnes, le décor...
5. Sur la frise chronologique, situe le règne de Louis XIV.

La monarchie absolue DOC. A

À la mort de son père, en 1643, alors qu'il n'avait que 5 ans, Louis XIV devint roi. Profitant de sa jeunesse et du peu d'autorité de sa mère, les nobles se révoltèrent contre l'autorité royale : ce fut la Fronde. Louis XIV fut profondément marqué par cet événement. Devenu adulte, il ôta tout pouvoir aux nobles et établit la monarchie absolue : il disposait de tous les pouvoirs. Soucieux de sa grandeur, il se faisait appeler le « Roi Soleil ».

Une France agrandie DOC. B

Louis XIV consacra une partie de son long règne (1643-1715) à faire la guerre. Il agrandit le territoire français en conquérant de nouvelles régions comme l'Alsace et le Roussillon. La France devint le royaume le plus vaste, le plus peuplé et le plus puissant d'Europe. Louis XIV confia à son ministre Vauban le soin de construire des citadelles pour protéger certaines villes et les frontières du pays.

B Une France agrandie

Carte de la France sous Louis XIV

6 Nomme les régions conquises par Louis XIV pendant son règne.

7 La France de son époque ressemble-t-elle à la France d'aujourd'hui ?

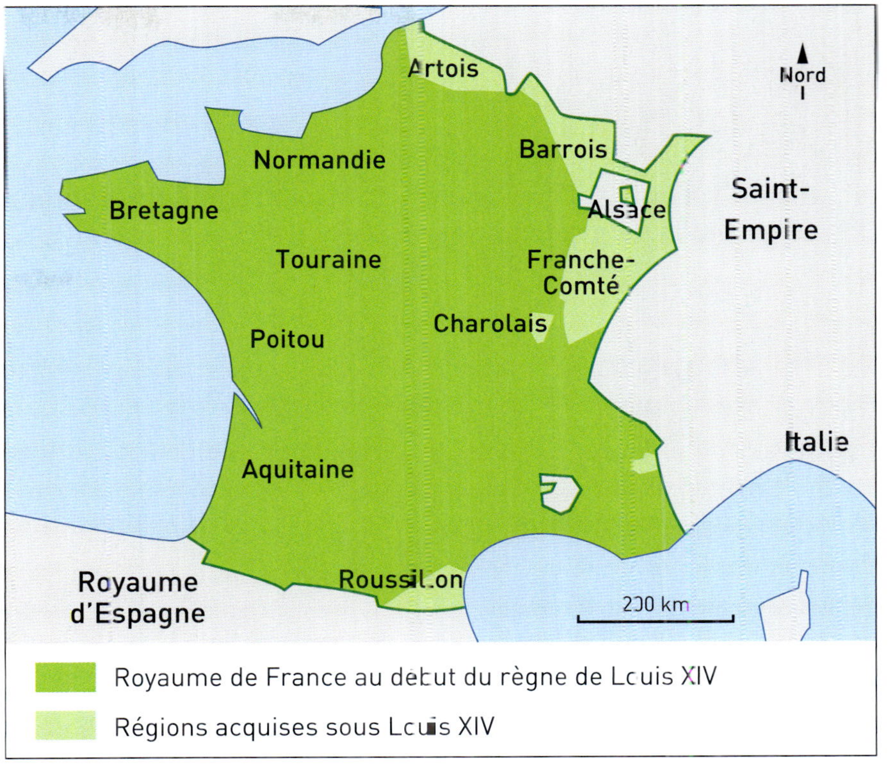

C La grandeur de la France

Visite de Louis XIV à la manufacture des Gobelins, tapisserie, 1729-1734

La manufacture des Gobelins fabriquait et vendait des meubles et des tapisseries dans toute l'Europe.

8 Repère le roi et décris la scène.

9 Décris les objets fabriqués par la manufacture.

10 Cherche un adjectif pour qualifier l'atmosphère.

La grandeur de la France DOC. C

Louis XIV chargea un autre ministre, Colbert, de moderniser l'économie du pays. Celui-ci créa des manufactures qui fabriquaient des meubles, des miroirs, des tapisseries et des objets d'art vendus en France et dans toute l'Europe. Il développa le commerce avec les pays voisins. Au XVIIIe siècle, la France était l'un des pays les plus riches d'Europe.

VOCABULAIRE

une citadelle : une construction militaire qui sert à défendre une ville.

une manufacture : un atelier dans lequel on fabrique des objets en grande quantité et à la main.

un ministre : sous la royauté, un conseiller du roi ; de nos jours, une personne qui fait partie du gouvernement, qui décide de la politique du pays et fait appliquer les lois.

la monarchie absolue : le pouvoir royal sans limites.

1100 1200 1300 1400 1500 1600 1700 1800 1900 2000

29 Le château de Versailles

En 1661, Louis XIV décida de se faire construire un magnifique palais à Versailles pour afficher sa puissance et y rassembler la Cour.

A Un gigantesque palais

Façade arrière du château de Versailles et bassin de Neptune

Les travaux durèrent quarante ans et le chantier rassembla jusqu'à 36 000 ouvriers.
Le château était gigantesque de façon que le roi montre à tous sa puissance.
La façade est dans un style différent de l'architecture de la Renaissance : c'est l'art « classique ».

Le gouvernement occupait l'aile nord.

Le château comporte une chapelle : le roi allait chaque jour à la messe.

Au centre se trouvent la chambre du roi et la galerie des Glaces.

Le château comptait 2 000 pièces, dont des centaines de chambres pour loger toute la Cour.

1. Pourquoi Louis XIV s'est-il installé à Versailles, non loin de la capitale ?
2. Décris ce château et le parc. Quelle impression s'en dégage ? *Arts*
3. À quoi vois-tu que ce château est immense ?

B La galerie des Glaces

Longue de 73 mètres, la galerie des Glaces était un lieu de passage et un point de rendez-vous pour la Cour. Elle servait aussi de salle de bal.

4 **Décris la galerie : sa forme, les décorations aux murs, au plafond, les lustres…**

5 **Trouve les trois sources de lumière dans la galerie (aide-toi de son nom s'il t'en manque une).**

C Les jardins

Louis XIV confia au paysagiste Le Nôtre le soin de créer un jardin « à la française », ordonné et « sculpté » selon un plan précis.

6 **Ce jardin est-il petit ou grand ?**

7 **La nature y pousse-t-elle spontanément ou est-elle « domptée » ?**

8 **Fais des recherches et trouve ce que l'on appelle « les Grandes Eaux de Versailles ».**

30 VIVRE À VERSAILLES

Avant même la fin des travaux, Louis XIV s'installa au château de Versailles pour y vivre avec toute la Cour.

A La Cour

Louis XIV distribue des récompenses aux membres de la Cour, tableau de 1693

1. Décris la scène : les personnes, leurs costumes, leur attitude…
2. À ton avis, pourquoi Louis XIV faisait-il venir les nobles à Versailles au lieu de les laisser dans leurs châteaux ?
3. Imagine leur vie quotidienne à Versailles.

La Cour DOC. A

Pour surveiller les nobles les plus puissants et les empêcher de préparer des complots contre lui, Louis XIV les fit venir à la Cour à Versailles. Le palais abritait des milliers de personnes. Pour les impressionner, le roi organisait des spectacles, des illuminations, des fêtes, des banquets… La grande noblesse et le haut clergé menaient ainsi une existence luxueuse et oisive.

La vie à Versailles DOC. B

Louis XIV organisa avec précision la vie à la Cour. Pour montrer sa puissance, il fit de chaque moment de sa journée une véritable cérémonie. Les nobles se pressaient pour le voir. Il désignait ses favoris, qui pouvaient l'approcher et lui parler. Chacun tentait de se faire voir et de rester dans ses faveurs. Les nobles vivaient dans la peur d'être renvoyés de la Cour ou d'être oubliés.

1 100 200 300 400 500 600 700 800 900

B La vie à Versailles

4 Lis le premier texte : quand les gens voyaient-ils le roi ? Pourquoi voulaient-ils le voir ?

5 Lis le second texte et relève le passage qui montre que les nobles cherchaient à se faire remarquer par le roi.

6 Que faisait Louis XIV pour les obliger à rester à la Cour ?

« Sire, voilà l'heure » : le Premier valet de chambre éveille le Roi. Médecins, familiers et quelques favoris pénètrent dans la chambre du Roi qui est lavé, peigné et rasé. Les officiers de la Chambre et de la Garde-robe entrent à leur tour. Le Roi est habillé et déjeune d'un bouillon. Les personnages les plus importants du royaume sont admis à observer ce cérémonial. Quand le roi sort de son appartement, la foule se masse dans la galerie des Glaces pour l'apercevoir. Certains peuvent lui parler ou lui glisser un mot écrit.

D'après le site Internet du château de Versailles, www.chateauversailles.fr

Le roi regardait à droite et à gauche, à son lever, à son coucher, à ses repas, en passant dans ses appartements, dans les jardins. Il voyait, il remarquait tout le monde. C'était une honte de ne pas vivre à la Cour, d'y venir rarement, et un malheur de ne jamais y venir. Pour lui plaire, les gens de la Cour dépensaient leur argent en habits, en équipages, en jeux. Le roi leur faisait ainsi dépenser tout leur argent jusqu'à ce qu'ils n'aient plus rien et doivent dépendre de lui pour vivre.

D'après le duc de Saint-Simon, noble et écrivain, 1749

C Les domestiques

Tableau du XVIIe siècle

7 Décris cette scène.

8 Que fait l'enfant au milieu ?

9 À ton avis, quels étaient les métiers nécessaires pour entretenir le château de Versailles ?

Les domestiques DOC. C

Pour entretenir l'immense château de Versailles et pour servir ses nombreux habitants, des milliers de domestiques étaient nécessaires : des gens de ménage, des jardiniers, des blanchisseuses pour laver le linge, des serviteurs pour ouvrir et fermer les portes, des cuisiniers… Certaines tâches, comme servir le roi à table, étaient un honneur réservé aux nobles. Les autres tâches étaient confiées à des gens du peuple.

VOCABULAIRE

le clergé : l'ensemble des personnes qui consacrent leur vie à la religion.

un complot : un projet secret contre une personne.

une faveur : un avantage que l'on donne à une personne de préférence aux autres.

un favori : une personne qui est préférée aux autres.

les gens du peuple : ceux qui ne sont ni nobles ni dans le clergé.

oisif, oisive : qui ne travaille pas, qui ne fait rien.

1100 1200 1300 1400 1500 1600 1700 1800 1900 2000

31 L'HÉRITAGE DE LOUIS XIV

Parce qu'il a régné pendant 72 ans, mais aussi parce que, durant ce long règne, il a fait de la France un pays puissant, Louis XIV est le plus célèbre des rois de France. Mais il laisse un pays appauvri. Ce sera un lourd héritage pour ses successeurs.

A

Le pouvoir absolu

Louis XIV en costume de sacre, tableau de 1701

1. Observe ce portrait de Louis XIV et dis quelle est ta première impression.
2. Décris le roi et repère les symboles de la royauté :
   – la couronne ;
   – le manteau à fleurs de lys ;
   – le sceptre d'Henri IV ;
   – l'épée de Charlemagne ;
   – la main de justice de saint Louis ;
   – le grand collier de chef de la noblesse.
3. Pourquoi le roi les a-t-il fait représenter sur son portrait ?
4. Sur quoi s'appuie-t-il ? Est-ce respectueux ? À ton avis, pourquoi le fait-il ?
5. À ton avis, pourquoi Louis XIV se faisait-il appeler le « Roi Soleil » ?

B L'essor de la bourgeoisie

Colbert présente à Louis XIV un membre de l'Académie royale des Sciences, détail d'un tableau du XVIIe siècle

Avant Louis XIV, toutes les responsabilités du royaume étaient confiées à des grands nobles. Traumatisé par la Fronde durant son enfance, Louis XIV fut le premier roi à confier des pouvoirs à de grands bourgeois.

6 **Situe le roi, assis, et son ministre Colbert, habillé de noir.**

C La misère du peuple

L'hiver, tableau du XVIIIe siècle

7 **Décris cette scène.**

8 **Quels éléments témoignent de la misère du peuple ?**

Pour payer les guerres mais aussi sa luxueuse vie à Versailles, Louis XIV faisait payer de lourds impôts au peuple. Celui-ci était pauvre et souffrait régulièrement de la famine. Un grand nombre de gens erraient sur les routes et mendiaient pour survivre.

9 **Relève dans ce texte :**
– les passages qui expriment la misère du peuple ;
– le passage qui explique pourquoi le peuple est pauvre ;
– les passages sur les relations entre le roi et le peuple ;
– le passage qui annonce un danger.

Votre peuple, que vous devriez aimer comme vos enfants, meurt de faim. Au lieu de tirer de l'argent de ce pauvre peuple, il faudrait lui faire l'aumône et le nourrir. La France entière n'est plus qu'un grand hôpital désolé et sans provisions. Le peuple même, qui vous a tant aimé, qui a eu tant de confiance en vous, commence à perdre la confiance, et même le respect. Il est plein de désespoir. La révolte s'allume peu à peu un peu partout. Le peuple croit que vous n'avez aucune pitié de ses souffrances, que vous n'aimez que votre autorité et votre gloire.

D'après François Fénelon, écrivain et homme d'Église,
Lettre à Louis XIV, 1694

32 LA FRANCE À LA CONQUÊTE DU MONDE

À partir de François Ier, les rois ont encouragé les expéditions chargées de découvrir de nouvelles terres, d'en prendre le contrôle et d'en exploiter les richesses.

A Les explorations

Jacques Cartier remontant le fleuve Saint-Laurent, tableau du XIXe siècle

À partir du XVe siècle, les progrès de la navigation ont permis aux Européens de parcourir les océans et se lancer dans de grandes explorations. Les navigateurs ont alors découvert des régions du monde qu'ils ne connaissaient pas. Ainsi, Jacques Cartier, encouragé par François Ier, explora des territoires en Amérique du Nord.

1 **Regarde l'image : qui habitait les territoires découverts en Amérique ?**

2 **Fais des recherches et trouve quelles langues on parle aujourd'hui, au Canada. Que peux-tu en conclure ?**

B La colonisation

Les possessions françaises aux XVIIe et XVIIIe siècles

Sous le règne d'Henri IV et de Louis XIV, la France prit le contrôle des régions découvertes pour en tirer des richesses et affirmer sa puissance.

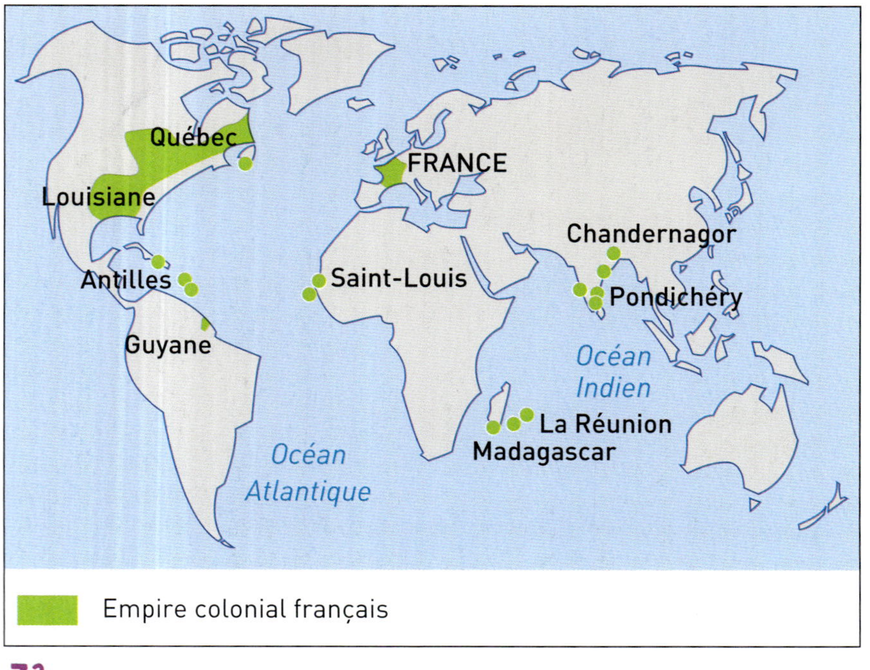

3 **Nomme et situe les colonies françaises aux XVIIe et XVIIIe siècles :**
– en Amérique ;
– en Asie ;
– dans l'océan Indien.

VOCABULAIRE

une colonie : un territoire dominé par un pays qui en exploite les richesses.

C Des plantations

Une plantation en Guadeloupe (Antilles), gravure de 1670

Les Français installés dans les colonies cultivaient la canne à sucre, le coton... Certains possédaient d'immenses plantations sur lesquelles travaillaient des centaines de personnes.

4. Sur cette gravure, repère :
   - le champ de canne à sucre en jaune, à gauche ;
   - les machines permettant d'extraire le sucre ;
   - la maison du propriétaire de la plantation à droite.
5. Pourquoi ne cultivait-on pas la canne à sucre en France ?

D Des esclaves

Transport d'esclaves africains, gravure du XIXe siècle

Les Européens venaient acheter des hommes et des femmes en Afrique puis les transportaient par bateau en Amérique. Là, ces esclaves travaillaient sur les plantations dans des conditions effroyables.

6. D'après cette gravure, comment les esclaves étaient-ils traités ?
7. Sais-tu ce que les descendants des esclaves noirs d'Amérique sont devenus ?

E Des ports

Le port de Bordeaux, tableau du XVIIIe siècle

Pour faciliter le commerce, on a construit des ports dans les colonies et agrandi les ports en France. Bordeaux était le premier port de commerce avec les Antilles.

8. Décris ce port : le bassin, les bateaux, les personnes.
9. Sur la carte page 72, repère le trajet des bateaux, de la France vers les Antilles.

Je fais le bilan du chapitre 2

Des rois

1 Je connais au moins trois signes de la royauté française et je sais pourquoi le sacre des rois était important.

2 Je reconnais Louis IX, François Ier, Henri IV et Louis XIV et je sais les mettre dans l'ordre chronologique.

3 Je peux nommer au moins une reine de France.

Des actions importantes

4 Je peux dire comment, sous le règne de ces rois :
- le pouvoir royal a évolué
- le territoire de la France a évolué.

5 Je peux dire quel roi de France a :
- participé aux Croisades
- établi la monarchie absolue
- mis fin aux guerres de religion
- fait du français la langue officielle dans notre pays
- développé l'art de la Renaissance en France
- autorisé les protestants à pratiquer leur religion.

6 Je peux expliquer ce qu'est l'édit de Nantes.

La vie sous leur règne

7 Je sais à quels rois on doit les châteaux de la Loire et le château de Versailles.

8 Je peux décrire la vie de la Cour à Versailles.

3

Le temps de la Révolution et de l'Empire

33 Louis XVI (1774-1792)

Cinq siècles après Louis IX, Louis XVI monta sur le trône. Mais à l'inverse des rois précédents, il ne parvint pas à maintenir le pouvoir royal.

A De nouvelles idées

Un paysan écrasé par les impôts que le noble et le prêtre ne payent pas, caricature de 1789

Aucun homme n'a reçu de la Nature le droit de commander aux autres. La liberté est un cadeau du Ciel, et chaque individu a le droit d'en profiter. Le roi tient son autorité de ses sujets. Il ne peut pas disposer de son pouvoir et de ses sujets sans l'accord du peuple. La puissance obtenue par la violence n'est qu'un vol : c'est la loi du plus fort.

D'après Denis Diderot, philosophe, 1751-1772

1. Sur cette caricature, retrouve le paysan, le prêtre et le noble.
2. En quoi le fait que le clergé et les nobles ne payaient pas d'impôts « écrasait » les paysans ?
3. Lis le texte et explique-le avec tes propres mots.
4. En quoi ces idées étaient-elles nouvelles ?

De nouvelles idées DOC. A

Au XVIIIe siècle, des penseurs comme Voltaire, Rousseau et Montesquieu critiquaient la monarchie absolue et le rôle important de l'Église catholique dans la société. Ils condamnaient les privilèges de la noblesse et du clergé, qui leur permettaient de ne pas payer d'impôts. Ils imaginaient une société plus juste dans laquelle les hommes seraient tous libres et égaux en droits. Leurs idées se sont répandues dans la bourgeoisie et ont touché le peuple.

La montée du mécontentement DOC. B

En 1789, en France, les mauvaises récoltes, la famine et le poids des impôts faisaient que le peuple se trouvait dans la misère. Le roi Louis XVI (1774-1792) savait qu'il fallait faire des réformes mais hésitait sur celles à entreprendre. Il convoqua les états généraux pour en discuter avec les représentants des nobles, du clergé et du peuple. Le peuple écrivit des « cahiers de doléances » pour exprimer son mécontentement.

1 100 200 300 400 500 600 700 800 900

B La montée du mécontentement

Portrait de Louis XVI, tableau de 1779

5 Fais le lien avec la fin du règne de Louis XIV : quelle était alors la situation du peuple ?

6 Lis le texte et explique de quoi ces paysans se plaignent.

7 Sur la frise chronologique, situe le règne de Louis XVI. Était-ce longtemps après celui de Louis XIV ? À ton avis, comment s'appelait le roi qui a régné entre eux ?

En 1789, le peuple écrivit des « cahiers de doléances » au roi pour décrire sa situation.

Sire, nous sommes écrasés par les impôts ; nous vous avons donné une partie de notre pain, et il va bientôt nous manquer. Si vous voyiez les pauvres maisons que nous habitons, la pauvre nourriture que nous mangeons, vous en seriez touché. Ce qui nous fait bien de la peine, c'est que ceux qui ont le plus d'argent paient le moins. Nous payons l'impôt et les prêtres et les nobles ne payent rien de tout cela. Est-ce que chacun ne doit pas payer selon ses possibilités ?

D'après le cahier de doléances des paysans de Culmont, 1789

C Le Serment du Jeu de Paume

Tableau de Jacques-Louis David peint de 1790 à 1794

En 1789, des députés des Français se sont réunis et ont fait le serment de changer l'organisation du pouvoir en France.

8 Décris cette scène.

9 En quoi cette situation représente-t-elle une rupture par rapport au règne de Louis XIV et de ceux qui l'ont précédé ?

Le Serment du Jeu de Paume DOC. C

Le peuple espérait que ses représentants mettraient fin aux privilèges. Mais le roi refusa toute discussion sur ce sujet. Mécontents, des députés du peuple se réunirent dans la salle du Jeu de Paume à Versailles, le 20 juin. Ils firent le serment de ne pas se séparer avant d'avoir réorganisé le pouvoir en France par une Constitution.

VOCABULAIRE

la bourgeoisie : les riches qui ne sont pas nobles.
une Constitution : une loi fondamentale qui organise le pouvoir dans un pays.
un député : une personne élue pour représenter un groupe de gens dans une assemblée.
la famine : un manque total de nourriture provoquant la mort des populations.
un privilège : un avantage réservé à quelques personnes.
une réforme : un changement en mieux.

1100 1200 1300 1400 1500 1600 1700 1800 1900 2000

34 LA RÉVOLUTION, LA NATION

L'année 1789 marque un tournant, une rupture dans l'histoire de France. La Révolution se poursuivit dans les années suivantes.

A L'année 1789 *La prise de la Bastille* le 14 juillet 1789, gravure du XIXe siècle

En prenant la prison de la Bastille, les Parisiens et les Parisiennes voulaient s'emparer des armes qui s'y trouvaient. Ils s'attaquaient en outre à un symbole royal : le roi y jetait en prison qui il voulait, quand il le voulait et pour les raisons qu'il voulait.

1. **Décris la scène.**
2. **Quelques jours plus tard, les députés ont voté la Déclaration des droits de l'homme et du citoyen : en as-tu déjà entendu parler ?**

L'année 1789 DOC. A

L'attitude du roi provoqua la colère des députés et des Parisiens. Le 14 juillet 1789, ces derniers se révoltèrent et prirent la prison de la Bastille qui contenait des armes. La Révolution se propagea. Dans les campagnes, des paysans attaquèrent les châteaux des nobles. Au nom de la Nation, les députés réunis à Versailles votèrent l'abolition des privilèges et adoptèrent la Déclaration des droits de l'homme et du citoyen.

La fin de l'Ancien Régime DOC. B

De 1789 à 1791, les députés écrivirent et votèrent une Constitution qui limitait le pouvoir du roi. La monarchie absolue était remplacée par une monarchie constitutionnelle. Les lois étaient désormais votées par les députés. Mais le peuple craignait que Louis XVI impose son autorité et mette fin à la Révolution. Le 22 septembre 1792, l'Assemblée nationale vota l'abolition de la monarchie et proclama la République.

1 100 200 300 400 500 600 700 800 900

B La fin de l'Ancien Régime

3. D'après la Constitution de 1791, à qui le pouvoir appartient-il ?
4. Quelle décision a été prise en 1792 ?
5. En quoi cela marque-t-il la fin de l'Ancien Régime ?

Constitution de 1791 :

L'Assemblée nationale abolit les institutions qui blessaient la liberté et l'égalité des droits.
– Le pouvoir appartient à la Nation.
– Une partie du pouvoir est confié au roi.

Décret du 22 septembre 1792 :
La royauté est abolie en France.

Déclaration du 25 septembre 1792 :
La République française est une et indivisible.

C La fin des rois

La mort de Louis XVI, gravure du XVIIIe siècle

6. D'après cette gravure, qu'est-il arrivé à Louis XVI ?
7. À ton avis, pourquoi les révolutionnaires ont-ils décidé de mettre à mort Louis XVI ?

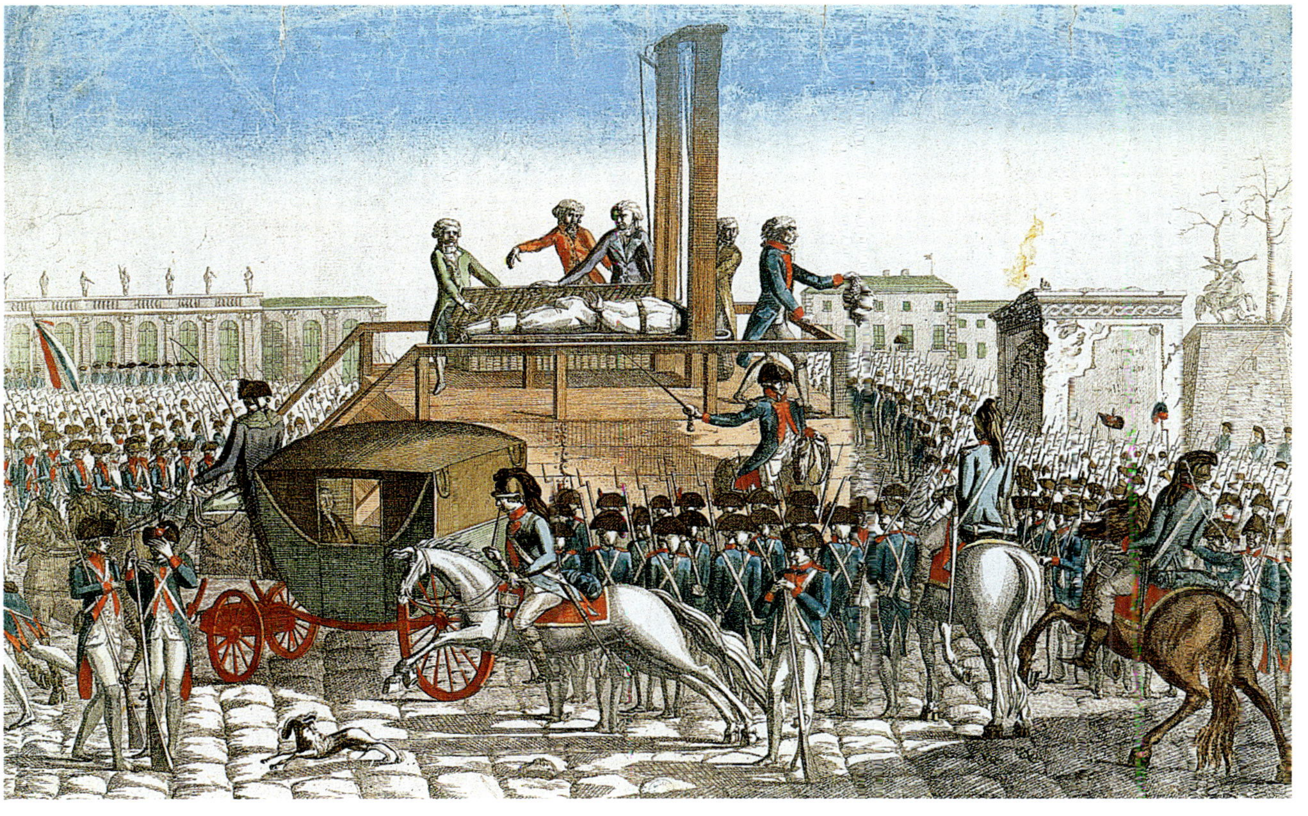

La fin des rois DOC. C

Louis XVI fut jugé par un tribunal, car il avait tenté de fuir hors de France. Il fut condamné à mort pour trahison envers la patrie. De crainte qu'il ne revienne au pouvoir, il fut guillotiné. Les Français furent soulagés mais l'ordre ne revint pas dans le pays. En outre, la France était en guerre contre les pays voisins, dans lesquels elle souhaitait étendre la Révolution. Le pays entra alors dans une ère de grand désordre.

VOCABULAIRE

l'abolition : la suppression, l'interdiction, la fin.
l'Ancien Régime : la monarchie absolue française.
guillotiner : couper la tête à l'aide d'une guillotine.
une monarchie constitutionnelle : une monarchie dans laquelle la Constitution limite le pouvoir du roi.
la Nation : le peuple et son objectif de vivre ensemble.
la patrie : le pays dont on est citoyen.
une république : l'organisation du pouvoir dans lequel le pouvoir n'est pas héréditaire.

35 Les droits de l'homme

Encouragés par la Révolution, les députés favorables aux réformes adoptèrent, le 26 août 1789, la Déclaration des droits de l'homme et du citoyen. Elle s'inspirait des idées nouvelles du XVIIIe siècle.

A La Déclaration

1 Explique un à un ces articles et donne des exemples.

Article 1. Donne un exemple pour expliquer ce qu'est la liberté et ce qu'est l'égalité.

Article 2. Donne un exemple pour expliquer chacun de ces droits.

Article 3. En quoi l'article 3 a-t-il limité le pouvoir du roi ?

Article 4. Donne un exemple de liberté que tu n'as pas car elle peut nuire aux autres.

Article 6. Trouve un exemple qui montre qu'il est important que la loi traite tous les citoyens de la même manière.

Article 7. Explique cet article.

Article 9. Donne un exemple pour expliquer cet article.

Article 10. Quel édit avait accordé la liberté religieuse aux protestants ?

Article 11. Donne un exemple pour expliquer ce qu'est la liberté de communiquer.

Article 13. Quel privilège est aboli par cet article ?

2 Lequel de tous ces droits te paraît le plus important ? Justifie ta réponse.

3 La Déclaration des droits de l'homme et du citoyen de 1789 ne concernait que la moitié des Français : qui n'avait pas tous ces droits ?

B Histoire des arts : le tableau

Déclaration des droits de l'homme et du citoyen, tableau vers 1789

4 (Arts) Sur le tableau, repère les éléments suivants :
- une femme brisant les chaînes qui empêchaient la France d'être libre ;
- une autre tenant le sceptre, symbole du pouvoir ;
- le bonnet rouge, symbole des révolutionnaires ;
- la lumière symbolisant les idées nouvelles du XVIIIe siècle (les idées des « Lumières »).

C L'héritage des droits de l'homme

La liberté et l'égalité proclamées dans la Déclaration des droits de l'homme et du citoyen sont toujours appliquées en France. Elles ont même été reconnues par bien d'autres pays en 1948.

5 Cherche l'article 1 de la Déclaration universelle des droits de l'homme de 1948. Que constates-tu ?

6 (EMC) Pourquoi appelle-t-on la France la « patrie des droits de l'homme » ?

Article 1
Les hommes naissent et demeurent libres et égaux en droits.

Article 2
Les droits de l'homme sont : la liberté, la propriété, la sécurité et la résistance à l'oppression.

Article 3
Personne ne peut exercer d'autorité si elle ne lui a pas été confiée par la Nation.

Article 4
La liberté consiste à faire tout ce qui ne nuit pas aux autres.

Article 6
Tous les citoyens sont égaux devant la loi.

Article 7
Personne ne peut être accusé, arrêté ou emprisonné, sauf dans les cas prévus par la loi.

Article 9
Tout homme est présumé innocent jusqu'à ce qu'il ait été déclaré coupable.

Article 10
Personne ne peut être inquiété pour ses opinions, même religieuses.

Article 11
La liberté de communiquer est l'un des droits les plus précieux de l'homme. Tout citoyen peut donc parler et écrire librement.

Article 13
L'impôt doit être réparti entre tous les citoyens, en fonction de leur richesse.

36 LES GRAVURES RACONTENT LA RÉVOLUTION

Pour réaliser une gravure, on grave un support en bois ou en métal, puis on met de l'encre dessus pour imprimer l'image sur du papier. Pendant la Révolution, des artistes ont utilisé cette technique pour témoigner de ce qu'ils voyaient. La photographie n'existait pas encore !

A Une période agitée

Le pillage des châteaux, gravure de 1789

1 Décris cette gravure.

La Révolution française a été marquée par une grande agitation : des manifestations, mais aussi des pillages, des incendies…

La marche des femmes sur Versailles, gravure du XVIIIe siècle

Pendant la Révolution, les femmes n'ont obtenu aucun droit. Pourtant, elles ont joué un rôle important. Par exemple, le 5 octobre 1789, elles sont allées chercher Louis XVI et les députés à Versailles pour les installer à Paris, de façon qu'ils soient plus proches du peuple et de ses problèmes.

2 Décris cette scène.

B Des moments de joie

Caricature de 1789

3 Décris cette scène.

4 Compare-la à celle de la page 76 et explique son message.

La Révolution a apporté de grands progrès aux Français : la liberté, l'égalité en droits, notamment l'égalité devant l'impôt.

Danse autour de l'arbre de la liberté, gravure du XVIIIe siècle

La Révolution a donc connu des grands moments de joie, avec des fêtes, des défilés dans les rues.

5 Décris cette gravure.

6 Trouve un adjectif pour décrire l'ambiance.

7 Repère les trois bonnets rouges, symboles de la Révolution, et la cocarde tricolore : bleu, blanc, rouge.

C Des violences

Massacre de 1792, gravure du XVIIIe siècle

8 Décris cette scène.

9 À quoi vois-tu que ce massacre a été terrible ?

La Révolution a également été une période de violences. Des milliers de personnes, soupçonnées de s'opposer aux idées de la Révolution, ont été exécutées. Cette époque est donc aussi une période terrible de notre histoire.

37 L'HÉRITAGE DE LA RÉVOLUTION

La Révolution est l'un des moments essentiels de l'histoire de France. Nous lui devons beaucoup dans la manière dont nous vivons aujourd'hui.

A La République

Site Internet du Conseil constitutionnel

Voici le début de notre Constitution actuelle.

1 (EMC) **Que dit l'article premier ?**

2 **Quel autre texte cela rappelle-t-il ?**

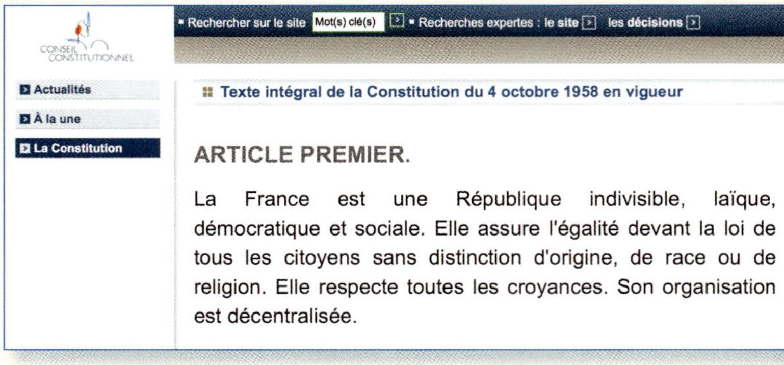

ARTICLE PREMIER.

La France est une République indivisible, laïque, démocratique et sociale. Elle assure l'égalité devant la loi de tous les citoyens sans distinction d'origine, de race ou de religion. Elle respecte toutes les croyances. Son organisation est décentralisée.

B Des symboles

La fête de la Fédération le 14 juillet 1790, tableau de 1791

Le 14 juillet 1790, les Parisiens se sont réunis pour commémorer la prise de la Bastille. Plus tard, cette date est devenue la fête nationale. C'est aussi pendant la Révolution que l'on a créé le drapeau tricolore.

3 **Décris cette scène.**

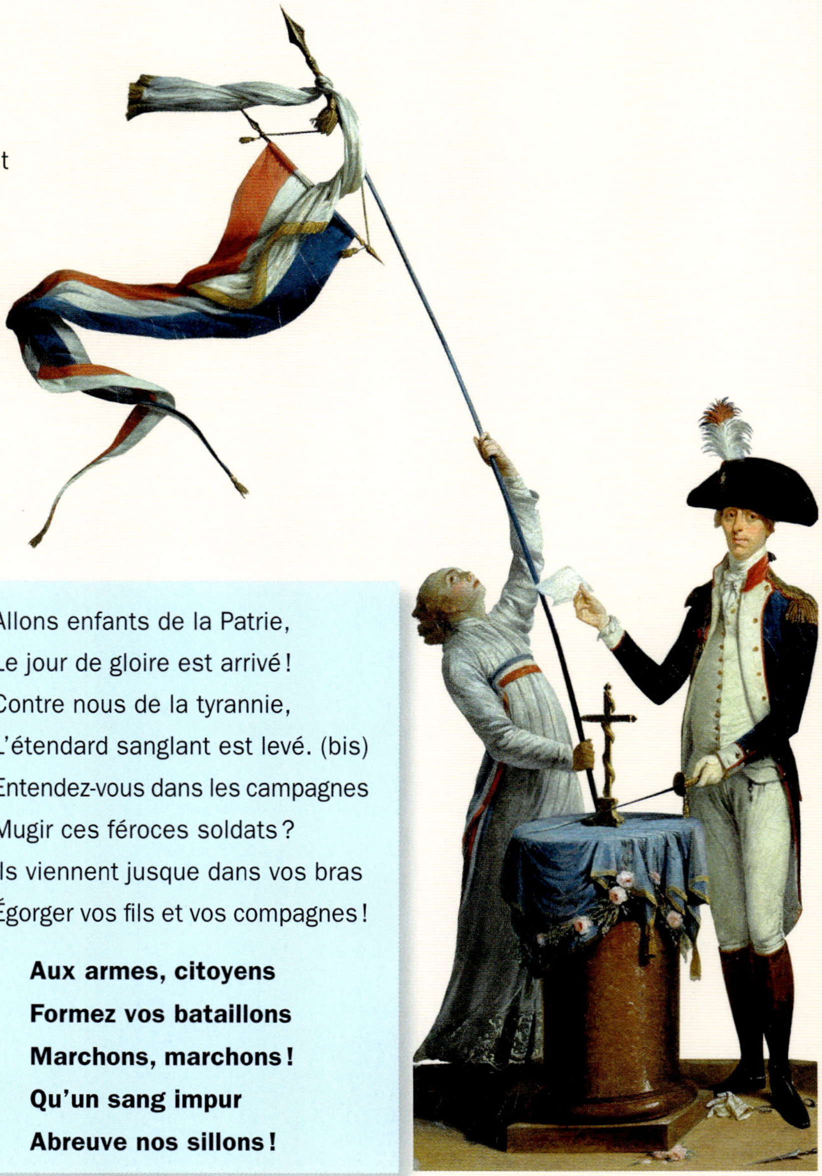

En 1792, Rouget de l'Isle a composé un chant pour l'armée française en guerre contre les ennemis de la Révolution.

4 **Lis les paroles et trouve des passages qui prouvent qu'il s'agissait d'un chant de guerre.**

Allons enfants de la Patrie,
Le jour de gloire est arrivé !
Contre nous de la tyrannie,
L'étendard sanglant est levé. (bis)
Entendez-vous dans les campagnes
Mugir ces féroces soldats ?
Ils viennent jusque dans vos bras
Égorger vos fils et vos compagnes !

Aux armes, citoyens
Formez vos bataillons
Marchons, marchons !
Qu'un sang impur
Abreuve nos sillons !

C'est parce que, pendant la Révolution, il a été chanté par des soldats marseillais à leur arrivée à Paris qu'on a appelé ce chant la « Marseillaise ».

5 (EMC) **À quelles occasions chante-t-on *La Marseillaise* ?**

6 (EMC) **Une loi punit toute personne qui insulte l'hymne national : à ton avis, pourquoi ?**

C
Les départements

Le découpage de la France en départements, gravure du XVIIIe siècle

Sous l'Ancien Régime, la France était divisée en provinces, qui avaient chacune leurs lois. Pendant la Révolution, la France a été découpée en départements, tous organisés de la même manière et soumis aux mêmes lois.

7 **Situe l'endroit où tu vis.**

8 **Comment s'appelle ton département ?**

9 **Fais des recherches : ton département a-t-il été créé en 1790, pendant la Révolution ?**

D
Les mesures

Le système métrique, gravure de 1795

La Révolution a mis fin aux mesures (longueur, poids…) différentes selon les provinces et a adopté le « système métrique » (mètre, litre, kilogramme), qui, depuis, a été adopté par la majorité des pays du monde.

10 **Sur l'image, retrouve le litre, le kilogramme et le mètre.**

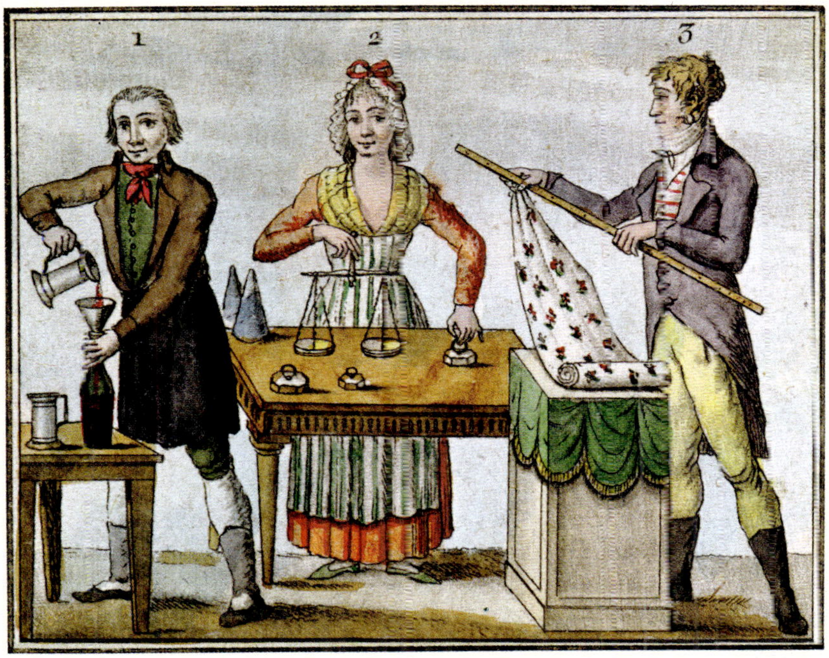

E
L'état civil

C'est également la Révolution qui a véritablement instauré l'état civil : elle a imposé que les naissances et les décès soient enregistrés non plus dans les églises mais dans les mairies. Elle a créé le mariage civil à la mairie et autorisé le divorce.

11 **Te souviens-tu : qui avait décidé que les églises devaient enregistrer les baptêmes ?**

38 NAPOLÉON BONAPARTE : DU GÉNÉRAL À L'EMPEREUR

À la fin du XVIIIe siècle, la France était dans un grand état de désordre…

A Le général Bonaparte

La bataille d'Arcole en 1796, lithographie du XVIIIe siècle

En 1796, en Italie, les Français étaient sur le point de perdre la bataille d'Arcole. Le général Bonaparte décida d'encourager ses troupes pour remporter la victoire. Le général Bonaparte s'avance. On lui apprend que l'armée a perdu beaucoup de soldats, que l'ennemi attaque sans cesse, que nos soldats sont découragés. Tout à coup, il descend de cheval, tire son sabre, prend un drapeau et s'élance sur le pont au milieu d'une pluie de feu.

D'après Joseph Sulkowski, soldat de l'armée française, 1796

1. Lis le texte et raconte cette histoire avec tes propres mots.
2. Sur l'image, identifie le général Bonaparte. Que tient-il dans ses mains ? Quel geste fait-il ? Quel passage de ce texte est illustré ?
3. À ton avis, qu'est-ce que les soldats ont pensé du général Bonaparte ?

Le général Bonaparte DOC. A

À la fin du XVIIIe siècle, la France était en guerre contre plusieurs pays d'Europe, dans lesquels elle souhaitait étendre la Révolution. Un jeune général, Napoléon Bonaparte, se fit remarquer par son courage. Les victoires qu'il remporta, notamment en Italie, lui apportèrent une grande popularité en France.

L'empereur Napoléon DOC. B

Le désordre régnait alors en France. En 1799, profitant de sa popularité, Napoléon Bonaparte organisa un coup d'État qui lui permit de prendre le pouvoir. Il rétablit l'ordre de manière autoritaire dans le pays. Soulagés, les Français lui apportèrent massivement leur soutien. Bonaparte en profita pour se faire sacrer empereur en 1804 sous le nom de Napoléon Ier et régna jusqu'en 1815.

1 100 200 300 400 500 600 700 800 900

B L'empereur Napoléon

Le sacre de Napoléon, tableau de Jacques-Louis David, 1805-1807

Pour que son sacre soit aussi imposant que celui de Charlemagne (voir page 39), Napoléon demanda au pape de venir. Mais comme il considérait que son autorité lui venait non pas de Dieu mais des Français, il posa lui-même la couronne sur sa tête.

4 **Sur le tableau, situe Napoléon, qui couronne sa femme, et le pape, assis derrière lui.**

5 **Le tableau mesure 9 m de large : quelle impression le peintre a-t-il voulu donner ainsi ?**

6 **En quoi cette cérémonie constitue-t-elle un retour en arrière par rapport à la Révolution ?**

C La Révolution remise en question

7 **Lis le texte et explique-le avec tes propres mots.**

8 **En quoi l'attitude de Napoléon est-elle contraire aux idées de la Révolution ?**

Dites aux journalistes que, bientôt, je supprimerai les journaux et n'en autoriserai qu'un seul. Faites appeler les rédacteurs des journaux les plus lus pour leur déclarer que, s'ils continuent, je les supprimerai ; dites-leur que le temps de la Révolution est fini ; qu'il n'y a plus en France qu'un seul parti ; que je ne permettrai jamais que les journaux disent rien contre moi. Que je leur fermerai la bouche.

D'après une lettre de Napoléon, 1805

La Révolution remise en question DOC. C

Fidèle à l'esprit de la Révolution, Napoléon Bonaparte s'est entouré de gens choisis non parmi les nobles mais en fonction de leur talent. Pourtant, comme au temps de la monarchie absolue, il gouverna de manière autoritaire. Il renforça la police, fit contrôler les journaux pour les empêcher de le critiquer et supprima peu à peu les libertés. Il accorda des privilèges à ses proches.

VOCABULAIRE

- **un coup d'État** : la prise du pouvoir par la force.
- **couronner** : poser la couronne sur la tête d'une personne pour en faire un roi, une reine, un empereur ou une impératrice.
- **un général** : un chef militaire de haut niveau.
- **la popularité** : le fait d'être apprécié de la population.
- **une victoire** : une bataille gagnée.

39 Napoléon à la conquête de l'Europe

Devenu empereur, le général Napoléon Bonaparte n'a pas renoncé à la guerre. Bien au contraire, il a mené ses troupes jusqu'en Russie, au bout de l'Europe.

A Napoléon et l'armée

Un soir, quand les combats s'étaient arrêtés et que les soldats se préparaient à dormir…
L'Empereur vint nous voir. On le suivit avec des torches allumées pour éclairer sa marche. Sa visite se prolongeant, le nombre de torches augmenta ; on le suivit en criant : « Vive l'Empereur. » Ces cris d'amour et d'enthousiasme se propagèrent dans toutes les directions ; tous les soldats, sous-officiers et officiers se munirent de flambeaux, de sorte qu'en moins d'un quart d'heure, toute l'armée en avait fait autant. Ce fut un embrasement général, un mouvement d'enthousiasme si soudain que l'Empereur dut en être ébloui.

D'après Jean-Baptiste Barrès, officier de l'armée française, 1835

1. Lis le texte et raconte ce qui s'est passé.
2. D'après ce témoignage, quels étaient les sentiments des soldats pour Napoléon ?

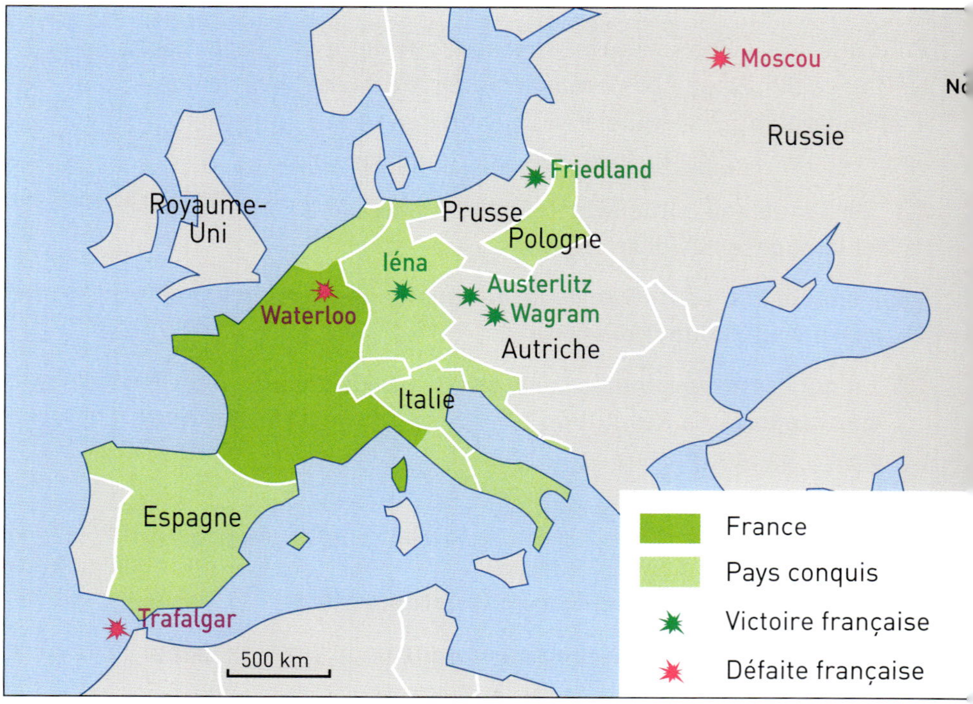

Napoléon et l'armée DOC. A

Napoléon était un grand général et se trouvait à la tête d'une armée nombreuse. Ses soldats l'adoraient : parce qu'il savait les encourager et parce qu'il les fascinait par son ardeur au combat. Après son arrivée au pouvoir, Napoléon a poursuivi les guerres de la Révolution : pour propager les idées nouvelles, mais aussi par ambition personnelle, dans l'espoir de conquérir l'Europe et d'étendre ainsi son pouvoir.

De grandes victoires DOC. B

De 1805 à 1809, l'armée napoléonienne remporta d'éclatantes victoires : à Austerlitz (1805), à Iéna (1806), à Friedland (1807) et à Wagram (1809). Elle conquit ainsi la moitié de l'Europe. Dans les pays dominés, Napoléon chassa les rois. Mais il n'appliqua pas les principes de liberté et d'égalité de la Révolution, ce qui entraîna le mécontentement des populations.

1 100 200 300 400 500 600 700 800 900

C La fin de l'empire

La bataille de Waterloo en 1815, illustration anglaise de 1819

7 Situe le drapeau français et le drapeau anglais.

8 Comment l'artiste montre-t-il l'ampleur de la bataille ?

9 Comment l'artiste, qui est anglais, indique-t-il que la bataille s'est terminée par une victoire pour les Anglais ?

Arts

10 Sur la carte page 88, situe Waterloo. Nomme et situe les autres défaites de Napoléon.

B De grandes victoires

L'armée de Napoléon à la conquête de l'Europe

3 Sur la carte à gauche, situe la France.

4 Trouve et nomme différentes victoires de Napoléon.

5 Nomme des pays conquis par Napoléon.

6 Nomme au moins un pays qui n'a pas été conquis.

La fin de l'empire DOC. C

À partir de 1812, l'armée napoléonienne connut une série de défaites. Lassés par les guerres, par l'augmentation des impôts et par l'autorité excessive de l'empereur, les Français cessèrent de le soutenir. Les pays d'Europe se liguèrent contre la France et, en 1815, l'armée française fut écrasée à Waterloo. Napoléon fut envoyé en exil sur une île, au milieu de l'Atlantique. Ce fut la fin de l'empire.

VOCABULAIRE

l'ambition : le désir de réussir.

l'ardeur au combat : le fait de combattre de faire la guerre avec courage et acharnement.

une défaite : une bataille perdue.

l'exil : le départ de force dans un pays étranger.

se liguer contre : s'associer pour combattre quelqu'un.

1100 1200 1300 1400 1500 1600 1700 1800 1900 2000

40 L'HÉRITAGE DE NAPOLÉON

Napoléon Bonaparte a profondément marqué l'histoire de France. Mais les historiens ne sont pas d'accord sur l'héritage qu'il a laissé au pays.

A Le retour de l'Ancien Régime ?

Napoléon en costume d'empereur, tableau d'Ingres vers 1805

Pour certains historiens, Napoléon a fait revenir le pays en arrière par rapport à la Révolution en installant un pouvoir qui ressemblait à celui en place sous l'Ancien Régime.

1. **Décris l'habillement, la coiffure et l'attitude de Napoléon.**
2. **Repère les symboles de l'empire :**
   – la couronne ;
   – le sceptre ;
   – la main de justice ;
   – le manteau rouge et blanc ;
   – l'épée.
3. **Repère les ressemblances et les différences avec le portrait de Louis XIV page 70 : l'attitude, le manteau, les symboles du pouvoir...**

B ou la Révolution consolidée ?

D'autres historiens pensent au contraire que, sans Napoléon, les progrès de la Révolution auraient été perdus. Après lui, au XIXe siècle, la liberté et l'égalité ont progressé et se sont enracinées jusqu'à notre époque.

4. **Lis le texte et trouve les arguments de Napoléon en faveur de son action.**

Les historiens auront beau critiquer, ils seront obligés de reconnaître que j'ai fait quelque chose. J'ai mis fin au désordre. J'ai lavé la Révolution. J'ai donné la gloire à la France ! Mon pouvoir autoritaire ? Mais c'était nécessaire. J'ai gêné la liberté ? Mais les grands désordres étaient à la porte. J'ai trop aimé la guerre ? Mais j'ai toujours été attaqué. J'avais trop d'ambition ? Ah ! sans doute ; mais je voulais établir la Révolution ! Et ici l'historien peut-être regrettera que je n'aie pas réussi !

D'après les mémoires de Napoléon Bonaparte, 1828

C Le Code civil

5 Pourquoi Napoléon a-t-il fait écrire le Code civil ?

6 En quoi cela représentait-il un progrès ?

7 Qui doit respecter les lois du Code civil ?

8 Explique cette phrase de Napoléon : « Ma vraie gloire, ce qui vivra éternellement, c'est mon Code civil. »

Napoléon a chargé ses conseillers de rassembler les lois concernant la vie personnelle des Français et désormais valables pour tous. Les lois ne peuvent être obligatoires si elles sont inconnues ; c'est pourquoi nous nous sommes occupés de les rassembler. Les lois permettent ou elles défendent ; elles ordonnent, elles corrigent, elles punissent ou elles récompensent. Elles sont obligatoires pour tous ceux qui vivent dans notre pays ; les étrangers mêmes, durant tout le temps qu'ils sont dans le pays, doivent obéir à la loi.

D'après le discours de présentation du Code civil à l'Assemblée nationale, 1804

D Les lycées

Lycée La Martinière Monplaisir à Lyon

9 Quel est le lycée le plus proche de ton école ?

Napoléon a réorganisé l'école et, en 1802, il a créé les lycées. À l'époque, seuls les garçons y allaient. Les premiers lycées de filles ont été créés beaucoup plus tard.

E Une première Europe ?

10 (EMC) Compare ces deux cartes et nomme des pays actuels qui faisaient partie de l'empire de Napoléon.

11 (EMC) L'Union européenne repose sur le choix des pays d'en faire partie : était-ce le cas dans l'empire de Napoléon ?

12 Compare la carte de l'empire de Napoléon à celle de Charlemagne page 38 et trouve des ressemblances.

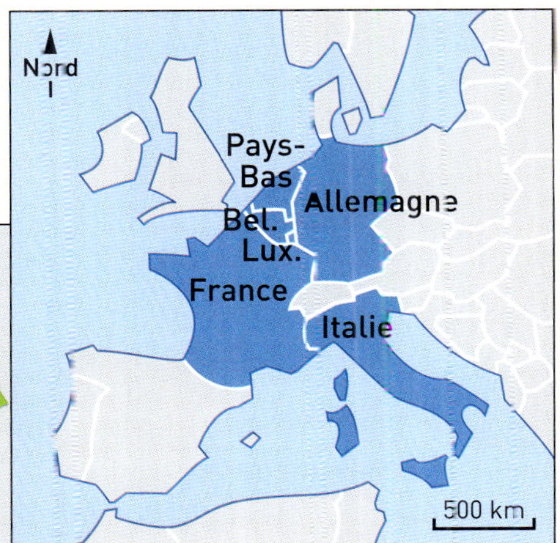

Les pays fondateurs de l'Union européenne

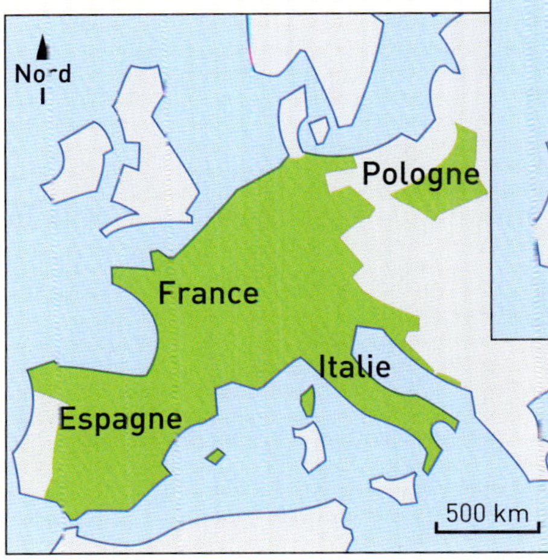

L'empire de Napoléon

Je fais le bilan du **chapitre 3**

1 Je reconnais Louis XVI et Napoléon Ier.
Je sais les mettre dans l'ordre chronologique.

Louis XVI et la Révolution française

2 Je peux donner au moins une raison qui explique le déclenchement de la Révolution française.

3 Je peux remettre des événements dans l'ordre chronologique :
- la prise de la Bastille
- la mort de Louis XVI
- la proclamation de la République
- l'abolition de la royauté
- la réunion des états généraux.

4 Je peux citer et expliquer l'article 1 de la Déclaration des droits de l'homme et du citoyen.

5 Je peux nommer au moins trois changements apportés par la République.

Napoléon Bonaparte et l'Empire

6 Je peux remettre des événements dans l'ordre chronologique :
- la défaite de Waterloo
- le coup d'État de Bonaparte
- le sacre de Napoléon.

7 Je peux nommer un progrès apporté par Napoléon Bonaparte et un retour en arrière par rapport aux idées de la Révolution.

4

L'âge industriel en France

41 ÉNERGIES ET MACHINES AU XIXe SIÈCLE

Autrefois, la seule énergie connue était la force humaine ou animale, utilisée notamment pour tirer des charrettes. La situation s'est transformée au XIXe siècle.

A La machine à vapeur et les énergies

Une machine à vapeur de 1840 dans une ancienne usine de fabrication de caisses en bois

Une chaudière à charbon chauffe l'eau et la transforme en vapeur. Cette vapeur arrive dans un cylindre **(a)** et tantôt pousse, tantôt tire le piston **(b)**. Le piston actionne la « bielle » **(c)** qui fait tourner la roue **(d)**. La roue transmet le mouvement aux machines de l'usine auxquelles elle est reliée par des courroies.

1 Explique le fonctionnement de cette machine à vapeur.

2 Connais-tu d'autres énergies capables de chauffer l'eau pour produire de la vapeur ?

La machine à vapeur et les énergies DOC. A

Au XVIIIe et au XIXe siècle, des inventeurs mirent au point une machine capable de remplacer la force humaine : la machine à vapeur. Le charbon permettait de chauffer de l'eau pour produire de la vapeur et de s'en servir pour créer un mouvement. Plus tard, des chercheurs découvrirent de nouvelles énergies comme le pétrole. Des inventeurs trouvèrent comment produire et utiliser le courant électrique.

La naissance de l'industrie DOC. B

La machine à vapeur permettait d'actionner différentes machines. Des industriels construisirent alors des usines dans lesquelles ces machines, contrôlées par des ouvriers, fabriquaient de l'acier, des tissus, des vêtements et toutes sortes de produits en grande quantité. Ces produits coûtaient moins cher que ceux fabriqués à la main. L'industrie se développa alors en France et dans toute l'Europe.

1 100 200 300 400 500 600 700 800 900

B

La naissance de l'industrie

Une usine de tissus à Orléans, gravure du XIXe siècle

Autrefois, les tissus étaient fabriqués à la main un par un, par des artisans. Dans cette usine, une machine à vapeur actionnait d'autres machines : pour peigner le coton, en faire des fils, les mettre en bobine, tisser des étoffes en grande quantité et les teindre.

3 **Décris cette usine.**

C

La révolution des transports

Le train à vapeur, tableau de 1864

4 **Décris ce tableau : le train, le bateau à vapeur à droite…**

5 **Comment faisait-on pour se déplacer, avant l'invention du chemin de fer ?**

6 **Quels sont les avantages du train ? du bateau à vapeur ?**

La révolution des transports DOC. C

Grâce aux nouvelles énergies, des inventeurs mirent au point de nouveaux moyens de transport :

- le train, qui transportait des personnes, des produits pour les usines et les marchandises fabriquées par celles-ci ;
- des bateaux à moteur, capables de remonter les fleuves et de traverser les océans ;
- les premières voitures, à la fin du XIXe siècle ;
- les premiers avions, au début du XXe siècle.

VOCABULAIRE

le charbon : une matière noire que l'on trouve dans le sol et qui sert d'énergie.

l'industrie : l'ensemble des activités qui permettent de fabriquer des produits en grande quantité.

un industriel : une personne qui dirige une usine.

les marchandises : les produits que l'on achète et que l'on vend.

une usine : un atelier dans lequel on fabrique des objets en grande quantité, à l'aide de machines.

1100 1200 1300 1400 1500 1600 1700 1800 1900 2000

42 TRAVAILLER À LA MINE

Le charbon, nécessaire aux usines du XIXe siècle, se trouve généralement enterré. Pour le trouver, il fallait creuser : c'est la mine.

A Descendre dans la mine

Une mine de charbon, gravure vers 1903

1. Décris cette mine.
2. Repère la benne par laquelle les mineurs descendaient : comment fonctionne-t-elle ?

Chaque matin, les mineurs descendaient dans la mine puis s'enfonçaient dans les longues galeries. Ils y travaillaient des heures durant, sous la terre, sans voir la lumière du jour.

B Travailler dans la mine

Deux mineurs, gravures du XIXe siècle

3. Décris le travail de ces personnes.

Au fond de la mine, sombre, l'air était rare, la chaleur souvent étouffante. Les hommes creusaient à la pioche, dans des espaces parfois minuscules. Les femmes et les enfants ramassaient les morceaux de charbon, les plaçaient dans des wagonnets et les tiraient jusqu'à l'ascenseur, qui les remontait à la surface.

C Mettre sa vie en danger

La catastrophe des mines de Courrières, dessin de presse de 1906

Dans les mines, il y avait parfois de graves accidents : les galeries s'effondraient sur les mineurs, ou encore le gaz produit par le charbon explosait (on appelle cela un « coup de grisous »). Les morts pouvaient alors se compter par centaines.

4 **Décris ce que tu vois sur cette image.**

5 **Pourquoi les sauveteurs portent-ils des masques ?**

Même en dehors des accidents, les mineurs risquaient sans cesse leur vie : respirer chaque jour l'air de la mine leur faisait attraper des maladies des poumons, souvent mortelles.

D Vivre dans la misère

Maison d'une famille de mineurs, gravure de 1829

Les mineurs gagnaient peu d'argent. Ils habitaient des taudis à peine chauffés. Ils ne mangeaient pas à leur faim. Les enfants même très jeunes travaillaient à la mine, pour que la famille survive.

6 **Décris la vie de cette famille.**

Au XIXe siècle, les mineurs ont organisé des grèves pour réclamer de meilleures conditions de travail. Ce furent des périodes difficiles, car ils ne touchaient plus aucun argent. Mais cela a ensuite permis d'améliorer leur sort.

43 Travailler à l'atelier

Au XIXe siècle, certains travaux comme le tissage, la couture, la dentelle ou la broderie étaient réalisés dans de petits ateliers, pour le compte d'un patron.

A Des ateliers familiaux

Atelier de tisserands de la soie à Lyon, illustration vers 1840

La plupart des ateliers regroupaient les membres d'une même famille, qui travaillaient chez eux.

1. Décris cet atelier.
2. Sais-tu comment on appelle cette machine qui permet de tisser la soie ?
3. À quoi vois-tu que cet atelier est installé dans une habitation ?
4. Comment cet atelier est-il éclairé ? chauffé ?
5. Quels membres de la famille travaillent dans cet atelier ? Lesquels ne travaillent pas ? À ton avis, pourquoi ?

Chaque semaine, le patron apportait le fil à tisser. Il ramassait ce que les ouvriers avaient fabriqué et les payait au nombre de tissus réalisés. Pour survivre, les ouvriers devaient travailler beaucoup et vite, y compris la nuit.

6. Pourquoi le travail de nuit coûtait-il cher aux ouvriers ?

Certains ouvriers n'avaient que cet emploi et faisaient ce travail toute l'année. D'autres, dans les campagnes, travaillaient dans les champs en été, à l'atelier en hiver.

B Travail et famille

Cette célèbre chanson, à l'origine en ch'timi, le patois du nord de la France, est traduite ici en français.

7. À qui cette dentellière parle-t-elle ?
8. Qu'est-ce qui l'empêche de travailler ?
9. Que fait-elle pour calmer son enfant ?
10. À quoi vois-tu qu'elle n'est pas riche ?

C L'atelier industriel

Ouvrières dans un atelier, gravure du XIXe siècle

Progressivement, les patrons ont rassemblé les ouvriers dans des ateliers à eux, de façon à ne plus se déplacer d'atelier en atelier.

11. Décris cet atelier.

Dors min p'tit Quinquin min p'tit pouchin min gros rojin
Te m'fras du chagrin si te ne dors point ch'qu'à d'main.

Dors mon petit Quinquin, mon petit poussin, mon gros raisin,
Tu me feras du chagrin si tu ne dors pas jusqu'à demain.

L'autre jour, une pauvre dentellière,
en berçant son petit garçon
qui, depuis trois quarts d'heure, ne faisait que crier,
essayait de l'endormir avec une chanson.
Elle lui dit : ma petite fleur,
demain, tu auras du pain d'épice
et plein de sucre,
si tu es sage et que tu fais dodo.

Dors mon petit Quinquin, mon petit poussin, mon gros raisin,
Tu me feras du chagrin si tu ne dors pas jusqu'à demain.

Et si tu me laisses faire une bonne semaine de travail,
j'irai racheter ta belle chemise,
ton pantalon en tissu, ta veste de laine.
Comme un petit prince, tu seras fier.
Je t'achèterai, le jour de la foire,
un polichinelle rigolo
et une petite flûte
pour jouer l'air du chapeau pointu.

Dors mon petit Quinquin, mon petit poussin, mon gros raisin,
Tu me feras du chagrin si tu ne dors pas jusqu'à demain.

D'après la chanson d'Alexandre Desrousseaux, *Le P'tit Quinquin*, 1853

44 TRAVAILLER À L'USINE

Au cours du XIXe siècle, certains patrons ont fait construire des usines dans lesquelles ils ont regroupé les ouvriers pour qu'ils travaillent sur des machines.

A Le travail

Usine de fabrication de stylos-plume vers 1869
Usine de fabrication de vélos vers 1890

Les ouvriers et les ouvrières travaillaient jusqu'à 13 heures par jour, tous les jours de la semaine, toute l'année. Ils effectuaient des travaux pénibles à côté de machines souvent dangereuses. Beaucoup tombaient malades ou étaient victimes d'accidents du travail.

1. **Décris ces deux usines.**
2. **Repère les roues qui relient les machines à la machine à vapeur.**
3. **Imagine les conditions de travail : la chaleur ou le froid, le bruit, les gestes répétitifs, le manque de sécurité, la fatigue...**

→ B

La pauvreté, la misère

4 Relève dans ce texte les indices qui montrent la pauvreté des ouvriers.

5 Relève les adjectifs de ce texte. Sont-ils positifs ?

Il faut les voir arriver chaque matin et partir chaque soir. Il y a, parmi eux, des femmes pâles, maigres, pieds nus dans la boue, et un nombre considérable d'enfants, sales, maigres, couverts de haillons. Ils portent à la main le morceau de pain qui doit les nourrir jusqu'à leur retour à la maison. Les plus pauvres habitent les caves et les greniers. Une mauvaise paillasse pour toute la famille, un petit poêle qui sert pour cuisiner et se chauffer, une caisse en guise d'armoire, deux ou trois chaises, un banc : voilà leurs meubles. Les plus pauvres ne mangent que des pommes de terre, un peu de soupe, de mauvais laitages, du mauvais pain. Ils ne mangent de la viande que le jour où ils sont payés, c'est-à-dire deux fois par mois.

D'après Louis-René Villermé, médecin, 1840

Lithographie vers 1840

S'ils tombaient malades, s'ils avaient un accident, s'ils se retrouvaient au chômage ou quand ils étaient trop vieux pour travailler, les ouvriers ne recevaient plus aucun argent : ils sombraient dans la misère.

6 Qu'arrive-t-il à cette femme, dans le lit ?

7 À ton avis, que vient faire cette femme riche, debout ?

→ C

Des progrès

Grève, dessin de presse de 1906

Au XIXe siècle, les ouvriers ont organisé des grèves pour réclamer de meilleures conditions de travail. Ils ont obtenu des journées de 10 heures et un jour de congé par semaine. Les salaires ont augmenté. Un système de retraite a été créé.

8 Pourquoi les ouvriers obtenaient-ils des progrès en faisant la grève ?

45 L'ARCHITECTURE INDUSTRIELLE

Au XIXe siècle, on a construit de nombreuses usines et des gares.
L'utilisation du métal, produit par l'industrie, a transformé l'architecture.

A Des usines

Ancienne usine de tissus à Roubaix

La plupart des usines construites au XIXe siècle ont un « squelette » en métal caché derrière des briques rouges. Elles ont aussi une cheminée qui servait à évacuer les fumées du charbon brûlé pour chauffer l'eau et produire de la vapeur.

1. **Décris cette usine.**
2. **De quand cette photo date-t-elle : de l'époque de la construction de l'usine, au XIXe siècle, ou de nos jours ? Justifie ta réponse.**
3. **Y a-t-il une ancienne usine en brique près de chez toi ?**

Pendant longtemps, on a laissé les anciennes usines à l'abandon ou on les a détruites. De nos jours, on les restaure pour conserver leur architecture typique de cette époque. Elles servent alors de bureaux, d'écoles, de musées…

B Des gares

Ancienne gare d'Orsay à Paris, construite en 1900

On a également construit des gares pour accueillir les voyageurs qui prenaient le train.

4 Décris cette gare.

5 À l'arrière-plan, repère la verrière qui couvre le hall.

6 Quelle autre construction de l'architecture industrielle, en métal, voit-on dépasser derrière la gare, à droite ?

L'intérieur de la gare vers 1910

Des architectes ont eu l'idée de ne plus cacher le métal derrière la pierre ou la brique : ils ont construit des bâtiments élégants, avec des structures métalliques apparentes et d'immenses verrières.

7 Décris ce bâtiment.

8 Fais des recherches : qu'est devenue la gare d'Orsay à Paris ?

C Des ouvrages d'art

Viaduc de Garabit, construit en 1884

Le métal a permis de réaliser des constructions impossibles jusqu'alors. Ici, l'ingénieur Gustave Eiffel a imaginé une arche monumentale qui soutient le pont : des piliers en pierre n'auraient pas tenu.

9 Décris ce pont.

10 Nomme un autre ouvrage réalisé par Gustave Eiffel.

46 TRAVAILLER DANS UN GRAND MAGASIN

**Au XIXe siècle, les usines fabriquaient toutes sortes de produits.
Ils étaient vendus dans un nouveau type de magasins : les grands magasins.**

A Le grand magasin
Les Galeries Crespin Dufayel à Paris, affiche du XIXe siècle

Autrefois, chaque boutique était spécialisée : les clients y trouvaient une seule sorte d'articles. Au contraire, les grands magasins proposaient des articles variés : des vêtements, des meubles, des jouets, des produits alimentaires…

1. **Décris ce magasin.**
2. **Quels articles sont visibles ici ?**

Dans les boutiques, les clients attendaient qu'un vendeur les serve. Dans les grands magasins, ils pouvaient aller et venir, toucher la marchandise, choisir et se servir eux-mêmes. Les vendeurs étaient là pour les conseiller et ranger. C'est le début du libre-service.

Dans les boutiques, les clients négociaient le prix. Dans les grands magasins, les prix étaient fixes et écrits sur des étiquettes. Comme les grands magasins achetaient les articles en grande quantité auprès des usines, ils obtenaient de bons prix et vendaient ensuite leurs articles moins cher que dans les boutiques.

3. **Quels sont les avantages et les inconvénients des grands magasins ?**

Les patrons des grands magasins employaient toutes sortes de personnes : magasiniers pour placer les marchandises en rayon, caissiers, porteurs pour porter les achats des clients, vendeurs… et surtout vendeuses.

B Le travail et la vie des vendeuses

La Demoiselle de magasin, tableau de 1882

Les vendeuses, ou « demoiselles de magasin », devaient être toujours élégantes et souriantes. Elles n'avaient jamais le droit de s'asseoir. Les salaires étaient bas. Mais les vendeuses aimaient leur travail, car il était moins pénible et mieux considéré que le travail dans les champs (beaucoup venaient de la campagne), le travail à la mine, à l'atelier ou à l'usine.

4 **Décris cette « demoiselle de magasin ».**

Au Bon Marché à Paris, les vendeuses dormaient dans des chambres au-dessus du magasin. Elles prenaient leurs repas à la cantine. Elles avaient un jour de congé dans la semaine. Elles étaient aidées en cas de maladie et au moment de la retraite.

C Un avenir possible

Affiche de 1929

Les meilleurs vendeurs devenaient chefs de rayon. En faisant des économies, certains, comme Marie-Louise Jaÿ et Ernest Cognacq, son mari, ont pu ouvrir leur propre magasin.

5 **D'après cette affiche, quels avantages ce magasin offrait-il à ses employés ?**

D Le chômage

6 **Qu'arrive-t-il à cette vendeuse ?**

7 **Pourquoi ne trouve-t-elle pas de travail ?**

8 **Quand pourra-t-elle retrouver du travail ?**

Deux mois durant, elle se retrouva sans argent. Il lui fallait trente sous par jour. Le loyer payé, elle ne mangeait que du pain sec pour donner un peu de viande à son enfant. Elle se présentait dans tous les magasins, à la place Clichy, au Bon Marché, au Louvre. Mais les affaires s'arrêtaient partout durant l'été. On lui disait de revenir à l'automne. Comme elle, plus de 5 000 vendeurs cherchaient du travail. Alors elle tentait de trouver des petits boulots. Certains soirs, elle faisait dîner son fils tout seul en lui disant qu'elle avait mangé dehors. Elle se mettait au lit avec la tête qui tournait.

D'après Émile Zola, écrivain, 1885

47 La croissance urbaine et la ville industrielle

Le travail dans les usines a attiré de nombreuses personnes vers les villes, qui en ont été profondément modifiées.

A La croissance des villes

La naissance de la ville du Creusot, gravure du XIXe siècle

1. Sur cette gravure, repère : l'ancien village avec ses petites maisons ; l'usine avec ses cheminées ; la voie de chemin de fer qui en part, avec un train dessus ; à droite de l'usine, les nouveaux quartiers construits pour les ouvriers.
2. Pourquoi la ville se développe-t-elle autour de l'usine ?

La croissance des villes DOC. A

Au XIXe siècle, de nombreux paysans quittèrent les champs et les villages pour venir travailler dans les usines. Ils espéraient y trouver une vie meilleure. C'est ce que l'on appelle l'exode rural. Pour les loger, les industriels firent construire des habitations près des usines. Les anciennes villes s'agrandirent de nouveaux quartiers : les banlieues. De nouvelles villes furent créées autour des usines.

Des villes transformées DOC. B

Au début du XIXe siècle, les villes comportaient des quartiers insalubres, avec des maisons minuscules, sans lumière et sans égout : on jetait les déchets et les eaux sales dans la rue.
La croissance des villes a été l'occasion de les transformer. Pour loger une population toujours plus nombreuse, on rénova ou détruisit les vieux quartiers avec leurs petites maisons pour construire à la place de grands immeubles. Pour faciliter les dépla-

1 100 200 300 400 500 600 700 800 900

B Des villes transformées

Un chantier de raccordement aux égouts vers 1860 et un allumeur de réverbères en 1905

Au XIXe siècle, on a profité de l'expansion des villes pour faire de grands travaux et transformer les zones urbaines.

3 Pourquoi raccordait-on les maisons au réseau d'égouts ?

4 Imagine la vie en ville quand il n'y avait pas d'égouts.

5 Imagine la vie quotidienne quand il n'y avait pas encore l'eau dans les maisons.

On a également éclairé les rues. Chaque soir, des employés de la ville allumaient un à un les réverbères à gaz. Le matin, ils passaient les éteindre.

6 Imagine la vie en ville quand les rues n'étaient pas éclairées la nuit.

7 De nos jours, quelle énergie permet d'éclairer les rues ?

8 Quels autres travaux a-t-on pu faire au XIXe siècle dans les villes pour les améliorer ?

cements, on créa des rues larges et des boulevards, et on les borda de trottoirs. On mit également en place des transports en commun : omnibus à cheval puis à moteur, tramways et métros. On amena l'eau potable et le gaz dans les habitations, on évacua les eaux sales par des égouts souterrains, on inventa la poubelle, on éclaira les rues à l'aide de lampadaires à gaz. On construisit des monuments, on planta des arbres et on créa des jardins.

VOCABULAIRE

la banlieue : les quartiers autour d'une ville.
les égouts : le réseau par lequel on évacue les eaux sales.
l'exode rural : le départ des populations des campagnes vers les villes, à la recherche de meilleures conditions de vie.
insalubre : mauvais pour la santé.
un omnibus : un véhicule qui transporte des voyageurs en s'arrêtant dans de nombreux endroits.
rénover : remettre à neuf.

1100 1200 1300 1400 1500 1600 1700 1800 1900 2000

48 Les grands travaux de Paris

Au milieu du XIXe siècle, Paris était une ville vieille et sale, avec des ruelles étroites et sombres, des quartiers insalubres... De 1853 à 1870, Haussmann, préfet de Paris, a lancé de grands travaux pour la moderniser.

A De grands travaux

Travaux dans l'île de la Cité, gravure de 1862

Dans certains quartiers, on a détruit les vieux bâtiments, creusé de larges boulevards, construit de grands immeubles avec de belles façades de pierre et des toits en zinc...

1. Décris ce chantier.
2. Repère la Saint Chapelle : son clocher dépasse au fond. Pourquoi ne l'a-t-on pas détruite ?
3. Lis le texte et énumère les transformations.
4. Quels avantages l'auteur met-il en valeur ?

On a creusé de larges espaces dont plusieurs sont déjà de magnifiques rues. Des pâtés de maisons disparaissent. Des monuments, débarrassés des horribles masures qui les cachaient, se voient pour la première fois dans toute leur beauté. L'allure de Paris est transformée. La ville s'aère : plus de quartiers misérables, plus de masures humides où règnent la misère et les maladies. Les murs pourris s'effondrent pour laisser surgir des habitations dignes de l'homme, dans lesquelles la santé descend avec l'air, la lumière et le soleil.

D'après Théophile Gautier, écrivain, 1855

B Une ville moderne

L'avenue de l'Opéra, photographie vers ´880

5 Sur la photographie ci-dessus, repère l'Opéra, construit au bout de l'avenue.

6 Repère un grand immeuble qui remplace les anciennes petites maisons.

7 Repère un trottoir, qui permet aux piétons de marcher à l'abri de la circulation.

8 Trouve une voiture à cheval individuelle et un omnibus à cheval.

9 Repère une fontaine à laquelle puiser de l'eau : au fur et à mesure que les Parisiens ont eu l'eau courante chez eux, les fontaines sont devenues purement décoratives.

La construction de la tour Eiffel, photographie vers 1888

Construite pour la durée d'une grande exposition, la tour Eiffel devait rester en place quelques mois. Mais elle a eu tant de succès que l'on a renoncé à la détruire. De nos jours, elle attire toujours des millions de visiteurs.

10 Sur cette photo, quelle partie de la tour n'a pas encore été construite ?

49 LE MOBILIER URBAIN

Transformée au XIXe siècle, la rue est devenue un espace utile et pratique, que l'on a alors équipé de mobilier urbain.

A De la rue promenade…

Foire de Noël à Strasbourg, tableau vers 1860

1. Décris cette scène.
2. À ton avis, la rue était-elle aussi animée toute l'année ?

Autrefois, la rue était un lieu de loisirs. On s'y promenait avec ses amis. On y flânait pendant la journée ou le soir pour voir les vendeurs ambulants et les petits spectacles.

3. Et toi, où vas-tu pour te promener ?

B … à la rue utile

Le boulevard des Capucines à Paris, tableau de 1889

4. Que font les personnes que tu peux voir ici ?
5. L'ambiance est-elle la même que dans la rue précédente ?

Au XIXe siècle, la rue est devenue un lieu pratique, dans lequel on ne faisait plus que se déplacer. Les vendeurs ambulants et les spectacles sont devenus rares. Les enfants ont appris à ne plus jouer sur la chaussée.

C Des équipements et des œuvres d'art

Au XIXe siècle, on a installé dans les rues des équipements utiles : des bancs sur lesquels s'asseoir, des lampadaires pour éclairer la rue…
Ils ont contribué au confort des passants mais aussi à la beauté des villes.

Une colonne Morris de 1880

Sur ces colonnes, on affichait – on affiche toujours – le programme des spectacles.

6 Décris cette colonne.

7 En as-tu déjà vu une ?

Un kiosque à journaux

8 Décris ce kiosque.

9 Quels sont les points communs avec la colonne Morris ?

10 Y a-t-il un kiosque à journaux près de chez toi ? Ressemble-t-il à celui-ci ?

Une bouche de métro de 1910 à Paris

Cette « bouche » de métro est caractéristique de l'Art nouveau : un style artistique utilisant des formes libres, inspirées de la nature.

11 Les Parisiens appelaient cette « bouche » de métro la « libellule » : quelles parties évoquent cet insecte ?

50 LE MONDE RURAL À L'ÂGE INDUSTRIEL

Loin de la ville et de ses bouleversements, le monde rural a, lui aussi, connu de profondes transformations au XIXᵉ siècle.

A Le travail des paysans

La récolte des foins, tableau de Camille Pissarro, 1887

1. Décris le travail de ces paysans.
2. Était-il facile ?
3. En quoi ce travail était-il saisonnier ? À quelles saisons y avait-il le plus de travail ? le moins de travail ?
4. Que pouvaient faire les paysans en hiver pour gagner davantage d'argent ?

La batteuse à vapeur, publicité vers 1910

5. Décris cette machine.
6. En quoi facilitait-elle le travail des agriculteurs ?
7. À ton avis, tous les paysans en possédaient-ils une ? Pourquoi ?

Le travail des paysans DOC. A

Au XIXᵉ siècle, les paysans travaillaient encore à la main avec des outils simples. Les journées étaient longues, le travail épuisant, la vie difficile. Progressivement, les plus riches ont commencé à acheter les premières machines agricoles : des moissonneuses et des batteuses à vapeur. Cela leur a permis de produire davantage. Ils se sont alors spécialisés dans certaines cultures qu'ils vendaient de plus en plus loin, grâce au transport par le train.

La vie au village DOC. B

Au XIXᵉ siècle, les campagnes étaient très peuplées. Les paysans passaient de longues heures à travailler sur leurs terres mais, de temps en temps, ils se retrouvaient au village : pour aller à la messe, pour acheter à l'épicerie ce qu'ils ne produisaient pas (savon, allumettes…) ou pour faire appel aux artisans, comme le forgeron, qui fabriquait les outils agricoles et ferrait les chevaux… Ils y rencontraient leurs voisins, ils y participaient aux fêtes.

1 100 200 300 400 500 600 700 800 900

B La vie au village

Un mariage en Bretagne, tableau de 1863

8 Que font ces personnes ?

9 Décris les costumes de l'époque.

10 À ton avis, faisait-on souvent la fête au village ?

C L'exode rural

11 Dans cette histoire : qui parle à qui ?
Que dit-il ? Que veut-il faire ?
Quelles sont ses motivations ?

Père, je m'en vais ! J'en ai assez ! C'est fini ! Je ne veux plus remuer la terre, je ne veux plus soigner les bêtes, je ne veux plus m'épuiser à 27 ans, pour gagner de l'argent qui passe à payer la ferme : voilà ! Ils m'ont accepté dans les chemins de fer. Je commence demain. J'emmène Éléonore. Elle en a assez elle aussi. Elle a trouvé une bonne place dans un café. Elle y gagnera plus que chez vous.

D'après René Bazin, écrivain, 1899

L'exode rural DOC. C

Au XIXe siècle, la médecine et l'hygiène ont fait des progrès. Cela a permis de mieux soigner les gens et de les faire vivre plus longtemps. La population française a alors augmenté : elle est passée de 27 millions d'habitants en 1800 à 38 millions en 1900. Dans les campagnes, les paysans sont devenus trop nombreux pour les terres disponibles. Beaucoup sont alors partis en ville pour y trouver un travail : c'est l'exode rural.

VOCABULAIRE

ferrer un cheval : lui clouer un fer sous le sabot pour empêcher qu'il s'use.

l'hygiène : les règles de propreté à respecter pour être en bonne santé.

la messe : la cérémonie à laquelle les catholiques participent, notamment le dimanche et les jours de fêtes religieuses.

saisonnier : qui varie selon les saisons ; un travail saisonnier est plus intense à certaines époques de l'année.

1100 1200 1300 1400 1500 1600 1700 1800 1900 2000

51 LE MONDE PAYSAN VU PAR LES PEINTRES

Au XIXe siècle, les artistes se sont passionnés pour le monde rural, dont ils ont donné des images diverses.

A Un monde de travail

La récolte des pommes de terre, tableau de Camille Pissarro, 1874

Autrefois, les peintres représentaient la campagne mais rarement les paysans qui y travaillaient. Au XIXe siècle, au contraire, des peintres se sont intéressés au travail et à la vie des paysans.

1. Que font ces paysans ?
2. Quelle saison est représentée ?
3. (Arts) L'artiste a-t-il peint avec précision ou joué sur les couleurs pour suggérer ?

B Une vie de misère

La pauvresse de village, tableau de Gustave Courbet, 1866

Certains peintres ont représenté la misère des paysans les plus pauvres.

4. Décris cette scène.
5. Quelle saison est représentée ?
6. (Arts) En quoi cela accentue-t-il l'impression de misère ?

C Une vie traditionnelle

L'angélus, tableau de Jean-François Millet, 1857-1859

Ce tableau, très célèbre, représente le moment où la cloche de l'église sonne l'angélus (la prière) du soir.

7 Dis ce que tu vois au premier plan ; à l'arrière-plan.

8 Arts Comment est la lumière ?

9 Arts Quelle atmosphère se dégage de ce tableau ?

D Une vie idéalisée

La sieste, tableau de Vincent van Gogh, 1889

10 Décris cette scène.

11 Arts Quelle impression donne-t-elle ?

12 Quelle saison est représentée ?

13 Arts Quelles couleurs sont utilisées pour la suggérer ?

14 Arts L'artiste a-t-il peint avec précision ou joué sur les couleurs pour suggérer ?

52 LES HÉRITAGES DE L'ÂGE INDUSTRIEL

Profond bouleversement dans l'histoire de la France, l'âge industriel a préparé notre monde d'aujourd'hui.

A La France urbaine

La ville de Lille en hiver

1. **Quels éléments de ce paysage montrent que cette ville existe depuis longtemps ?**
2. **Quels éléments montrent que la photo a été prise de nos jours ?**

Les villes existent depuis l'époque gallo-romaine. Mais, pendant longtemps, la majorité de la population française a vécu à la campagne. C'est à partir du XIXe siècle que la France est devenue urbaine : de nos jours, la grande majorité des Français vivent en ville.

B Un nouveau monde du travail

Au XIXe siècle, de nouveaux emplois sont apparus : le travail en usine, mais aussi le travail dans les bureaux. Ce dernier s'est encore développé au XXe siècle.

3. **À ton avis, qu'est-ce qui a changé dans le travail de bureau entre le XIXe siècle et la période actuelle ?**

C Vers la consommation de masse

Publicité de 1875

4 Décris cette publicité.

5 Quel est son message ?

L'industrialisation a permis de fabriquer des produits plus nombreux et plus variés. Au XIXe siècle, pour ceux qui avaient de l'argent, acheter est devenu un plaisir. La publicité est née à cette époque, pour inciter à acheter toujours plus. Au XXe siècle, cela a donné naissance à la « société de consommation ».

D Le problème du développement durable

Usines à Asnières, tableau de Vincent Van Gogh, 1887

Au XIXe siècle, on pensait que les ressources étaient illimitées.
On croyait aussi que la pollution n'était pas grave : elle disparaîtrait d'elle-même.
On n'a donc pas pris soin de la planète. Cela a continué durant une grande partie du XXe siècle.

6 Quelle pollution vois-tu sur ce tableau ?

7 (Arts) Quelle est l'atmosphère de ce paysage : inquiétante ou paisible ?

8 À ton avis, le peintre a-t-il conscience du danger que ces fumées représentent ?

9 (EMC) De nos jours, pourquoi se préoccupe-t-on tant de la pollution et du développement durable ?

Je fais le bilan du **chapitre 4**

Produire et travailler à l'âge industriel

1 Je peux nommer au moins trois transformations du XIXe siècle dues à l'invention de la machine à vapeur et à la découverte des énergies.

2 Je peux écrire un petit texte pour raconter, au choix, la vie de ceux qui travaillaient à la mine, à l'atelier, à l'usine, dans les grands magasins ou dans les champs, au XIXe siècle.

La transformation des villes à l'âge industriel

3 Je peux expliquer pourquoi les villes se sont agrandies au XIXe siècle.

4 Je peux donner au moins trois exemples de la transformation des villes du XIXe siècle.

5 Le temps de la République

53 1892 : LA RÉPUBLIQUE FÊTE SES CENT ANS

Qu'est devenue la France après la disparition de l'empire de Napoléon ?

A 1892

Affiche pour le centenaire de la République française, 1892

1. Décris cette affiche : les textes, les images.
2. Que s'est-il passé en 1792 ?
3. EMC Sur l'affiche, repère au moins un symbole de la République française.
4. Comment est l'atmosphère : paisible ou agitée ? Quelle image cela donne-t-il de la République ?
5. Retrouve les symboles du progrès économique :
   - une « corne d'abondance », symbole de richesse ;
   - des agriculteurs au travail dans les champs ;
   - un engrenage, symbole du développement de l'industrie ;
   - un train, symbole du développement des transports.
6. Arts Trouve, aux pieds de Marianne, un symbole représentant les arts.

1892 DOC. A

En 1892, la France était une république. Le pays a alors fêté le centenaire de la Première République, celle proclamée en 1792, pendant la Révolution française (regarde page 78 si tu ne te souviens pas bien). Les Français étaient attachés à la République. Le 22 septembre 1892 fut donc marqué par une grande fête, avec des défilés, des cortèges, des chars. Place de la République à Paris, on chanta *La Marseillaise*.

Avant 1892 DOC. B

La Première République avait pris fin avec le coup d'État puis l'empire de Napoléon Bonaparte. Une Seconde République avait été instaurée en 1848 mais n'avait duré que quatre ans. La Troisième République avait été proclamée en 1870 (document page 119). Entre-temps, la France avait connu d'autres régimes politiques. Elle avait également vécu plusieurs révolutions, moins importantes que celle de 1789.

1 100 200 300 400 500 600 700 800 900

B Avant 1892

La Liberté guidant le peuple, tableau d'Eugène Delacroix, 1830

7 Décris ce tableau.

8 Cherche un adjectif pour dire l'impression qui s'en dégage. Arts

9 Dans une peinture classique, les personnages sont organisés avec ordre : comment sont-ils disposés ici ? Arts

10 Sur la frise chronologique, situe les périodes pendant lesquelles la France a été une république.

C Après 1892

11 Quels éléments rappellent la Révolution française ?

12 Quel article dit que, en 1958, la France est encore une république ?

13 L'est-elle de nos jours ? EMC

14 Qui, de nos jours, possède le pouvoir en France ? EMC

Le peuple français proclame solennellement son attachement aux Droits de l'homme définis par la Déclaration de 1789.

Article 1. La France est une République indivisible, laïque, démocratique et sociale.

Article 2. La langue de la République est le français.

L'emblème national est le drapeau tricolore, bleu, blanc, rouge.

L'hymne national est « La Marseillaise ».

La devise de la République est « Liberté, Égalité, Fraternité »...

Article 3. Le pouvoir appartient au peuple qui l'exerce par ses représentants et par le référendum. Sont électeurs... tous les Français majeurs des deux sexes...

D'après de la Constitution de la Cinquième République, 1958

Après 1892 DOC. C

Depuis la fin du XIXe siècle, la France est une république. Les Français sont attachés à ce régime politique, qui protège leurs libertés et l'égalité en droits. Le pays a changé de Constitution en 1946 (Quatrième République) et en 1958 (Cinquième République), pour mieux organiser le pouvoir. Mais la France est restée une république démocratique. Actuellement, nous sommes sous la Cinquième République.

VOCABULAIRE

un centenaire : un anniversaire de 100 ans.

démocratique : qualifie un État dans lequel le pouvoir appartient au peuple, qui s'exprime par le vote.

politique : qui concerne la manière d'organiser le pouvoir et de diriger le pays.

un référendum : un vote des citoyens qui doivent répondre par oui ou par non à une question.

un régime politique : la manière dont est organisé le pouvoir dans un pays.

54 Les symboles républicains

La Révolution française puis la République au XIXe siècle ont adopté les grands symboles républicains que nous utilisons encore de nos jours.

A Le drapeau tricolore

Fête du 30 juin 1878, tableau de Claude Monet, 1878

Le drapeau bleu blanc rouge, adopté par les révolutionnaires en 1794, est devenu un symbole national.

1. **Décris ce document.**
2. *Arts* **Comment est l'atmosphère dans cette rue ?**
3. *EMC* **Où, habituellement, peux-tu voir le drapeau tricolore ?**

B La fête nationale

En 1880, les députés ont choisi le 14 juillet comme fête nationale. Ils ne pouvaient pas commémorer la prise de la Bastille, qui avait fait des morts. Ce jour-là, on rappelle donc la fête de la Fédération, le 14 juillet 1790, journée de réconciliation nationale.

4. *EMC* **De nos jours, quand et comment célèbre-t-on la fête nationale ?**

C La devise

La devise a été créée sous la Révolution et adoptée sous la Troisième République. Elle figure sur les bâtiments publics. Elle représente un idéal que chacun doit s'efforcer de respecter.

5 EMC **Quelle est la devise française ?**

6 EMC **Donne un exemple pour expliquer chaque mot.**

D Marianne

La République française est souvent représentée sous les traits d'une femme que l'on appelle Marianne. Elle porte souvent un bonnet rouge, symbole de la liberté pendant la Révolution. Son buste orne de nombreuses mairies.

7 **Sur cette photographie, repère Marianne.**

8 EMC **Quels drapeaux reconnais-tu ?**

E La Marseillaise

Supporters de l'équipe de France en train de chanter *La Marseillaise*

La Marseillaise, composée en 1792, a été choisie comme hymne national de la France en 1879.

9 EMC **À quelles occasions chante-t-on *La Marseillaise* ?**

55 L'école primaire gratuite, laïque et obligatoire

L'une des plus importantes décisions prises par la République, à la fin du XIXe siècle, concernait les enfants.

A Des enfants au travail

Enfants transportant de l'argile dans une fabrique de briques, gravure du XIXe siècle

16 à 18 heures debout, chaque jour, dont 13 heures au moins dans une pièce fermée, sans changer de place. Ce n'est plus un travail, c'est une torture. Et on l'inflige à des enfants de 6 à 8 ans, mal nourris, mal vêtus, obligés de marcher longuement, dès 5 heures du matin, pour venir jusqu'à leurs ateliers, et obligés de repartir le soir pour rentrer chez eux, épuisés. Comment ces malheureux, qui ont à peine quelques heures de sommeil, peuvent-ils résister à tant de misère et de fatigue ?

D'après Louis-René Villermé, médecin, 2 mai 1837

1. Dis ce que tu vois sur cette gravure.
2. À quoi vois-tu que ces enfants sont pauvres ?
3. À quoi vois-tu que le travail est difficile ?
4. Lis le texte et explique le discours de ce médecin.
5. Quel était l'avenir des enfants qui travaillaient dès leur plus jeune âge ? Pourquoi ?

Des enfants au travail DOC. A

Autrefois, la plupart des enfants travaillaient : dans les champs, à la mine, à l'atelier ou à l'usine… Ils effectuaient des tâches pénibles, pendant de longues journées. Ils rapportaient ainsi de l'argent à leur famille. Devenus adultes, faute d'être allés à l'école, ils n'avaient d'autre choix que de continuer le même métier, épuisant et mal payé. Seuls les fils de la bourgeoisie allaient régulièrement à l'école.

L'école gratuite et laïque DOC. B

En 1881, Jules Ferry, ministre de l'Instruction, fit voter une loi rendant l'enseignement gratuit dans les écoles publiques. De cette manière, même les enfants les plus pauvres pouvaient aller à l'école. En 1882, pour respecter les croyances de chacun, il fit voter une loi rendant l'enseignement laïc dans ces écoles. Le catéchisme était remplacé par l'instruction civique et morale. Les prêtres et les religieuses devaient enseigner dans les écoles privées.

1 100 200 300 400 500 600 700 800 900

B L'école gratuite et laïque

6 En quoi l'école gratuite permet-elle une meilleure égalité entre tous ?

L'enlèvement des crucifix dans les écoles de Paris en 1882

7 Explique pourquoi on retire ce crucifix de la classe.

8 En quoi l'école laïque permet-elle une meilleure égalité entre tous ?

C L'école obligatoire

9 Explique les articles de cette loi.

10 Pourquoi fallait-il rendre l'école gratuite et laïque avant de la rendre obligatoire ?

11 EMC En quoi l'école obligatoire participe-t-elle à la liberté des enfants ?

Article 4. L'instruction est obligatoire pour les enfants, garçons et filles, âgés de 6 ans à 13 ans.

Article 10. Lorsqu'un enfant manque l'école, les parents doivent expliquer au directeur ou à la directrice les raisons de son absence. Les seules raisons valables sont les suivantes : maladie de l'enfant, décès d'un membre de la famille, difficulté dans les transports.

Article 12. Lorsqu'un enfant sera absent de l'école quatre fois dans le mois sans raison valable, le père sera invité à la mairie, qui lui rappellera le texte de la loi et lui expliquera son devoir.

Article 13 et 14. S'il recommence, il pourra avoir une condamnation.

D'après la loi du 28 mars 1882

L'école obligatoire DOC. C

La loi de 1882 rendit également l'école obligatoire pour tous les garçons et les filles de 6 à 13 ans. Les enfants vivant en France ont alors quitté les usines, les ateliers et les mines. Dans les champs, ils ne travaillaient plus que le dimanche et pendant les vacances, notamment en été pour les moissons. Les progrès furent spectaculaires : au début du XXe siècle, la majorité des Français savaient lire et écrire.

VOCABULAIRE

le catéchisme : l'enseignement de la religion aux enfants catholiques.

une école privée : une école qui appartient à une personne, à une église.

une école publique : une école qui appartient à la population, qui dépend de l'État, de la région, du département ou de la commune.

l'instruction : l'enseignement, à l'école ou à la maison.

laïc, laïque : indépendant des religions.

1100 1200 1300 1400 1500 1600 1700 1800 1900 2000

56 L'ÉCOLE PRIMAIRE AU TEMPS DE JULES FERRY

En 1882, chaque commune a créé des écoles pour accueillir les garçons et les filles en âge d'aller en classe.

A La classe

Une classe de garçons vers 1900
Une classe de filles vers 1900

1. Dis ce que tu vois dans ces classes.
2. Comment les élèves sont-ils installés ?
3. Qu'est-ce que cet instituteur et cette institutrice leur apprennent ?
4. Repère un indice qui montre que ces élèves font aussi de la géographie.
5. Repère un indice qui montre que ces élèves font aussi de l'enseignement moral et civique.
6. Trouve des différences et des ressemblances entre ces classes et la tienne.

B Les programmes

7 Quelles matières étudie-t-on encore de nos jours à l'école ?

8 EMC Que penses-tu des deux dernières lignes ?

L'enseignement primaire comprend :
- l'instruction morale et civique ;
- la lecture et l'écriture ;
- la langue et la littérature française ;
- la géographie, particulièrement celle de la France ;
- l'histoire, particulièrement celle de la France ;
- les éléments de sciences et de mathématiques ;
- l'hygiène, les travaux manuels et les outils des principaux métiers ;
- le dessin et la musique ;
- la gymnastique ;
- pour les garçons, les exercices militaires ;
- pour les filles, la couture.

D'après la loi du 28 mars 1882

C Le matériel et la discipline

Couverture de livre vers 1885

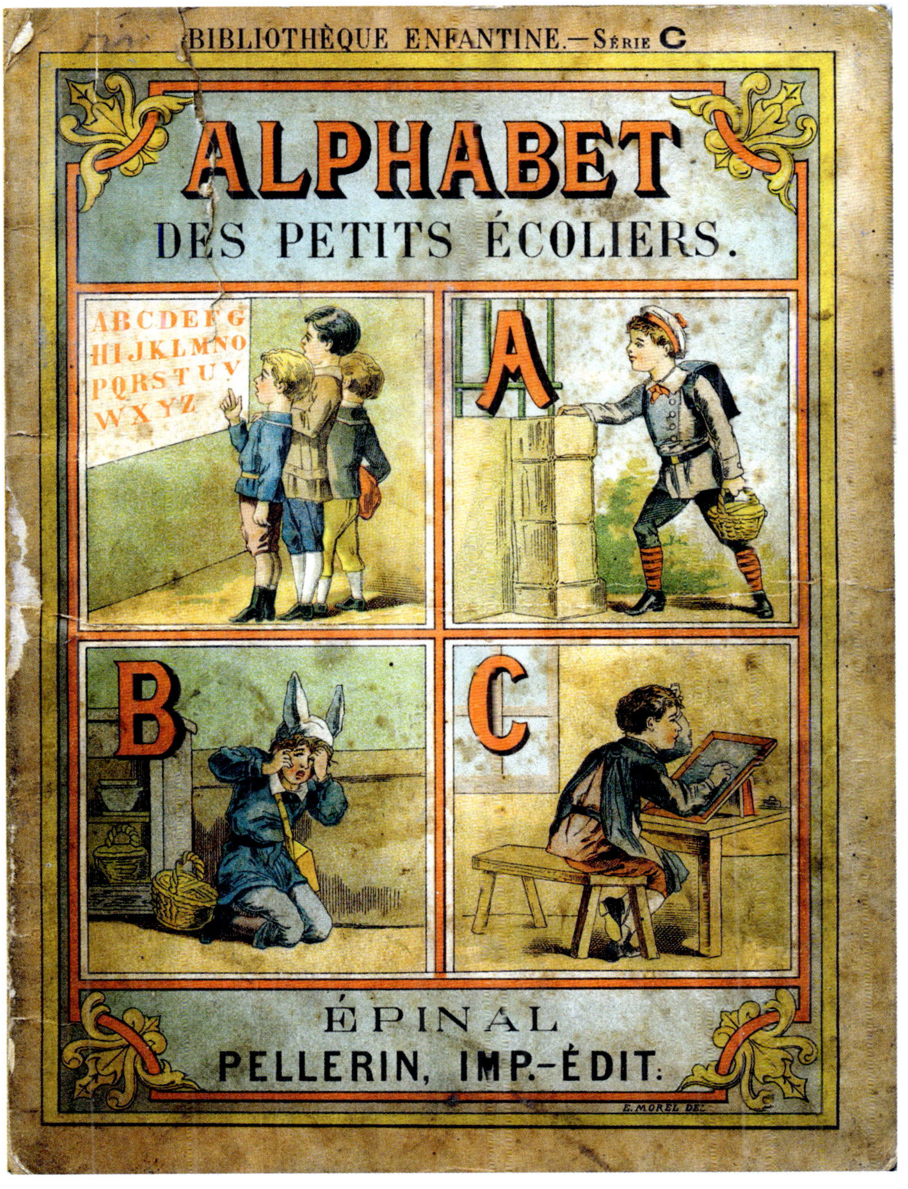

9 Comment ce livre s'appelle-t-il ?

10 Regarde l'image « C » et les photographies p. 126 : quel matériel scolaire utilisait-on en classe ?

11 Et toi, utilises-tu le même matériel ?

12 Regarde l'image « A » : comment les élèves mangeaient-ils à midi ?

13 Et toi, où déjeunes-tu ?

Les maîtres et les maîtresses étaient sévères. Si un élève ne savait pas répondre à une question, ils pouvaient l'envoyer « au piquet », lui donner des coups de règle sur les doigts, lui tirer l'oreille ou encore lui faire porter un bonnet d'âne.

14 Regarde l'image « B » et décris ce bonnet d'âne.

15 EMC En quoi cette punition était-elle humiliante ?

16 EMC Est-elle toujours autorisée ?

57 La République et les libertés

La République a raffermi et complété les libertés acquises sous la Révolution.

A L'abolition de l'esclavage

L'abolition de l'esclavage dans les colonies françaises en 1848, tableau de 1849

1. Décris ce tableau : le lieu, les personnes...
2. Quel indice prouve que la scène se déroule dans un territoire français ?
3. Quelle nouvelle ce député vient-il annoncer ? Comment est son attitude ?
4. Comment est l'attitude des esclaves noirs ? Pourquoi ?

L'abolition de l'esclavage DOC. A

La Révolution avait reconnu le droit à la liberté pour tous les hommes : ni pour les femmes, ni pour les esclaves dans les colonies. La situation des esclaves choquait un nombre croissant de personnes. En 1848, grâce à Victor Schoelcher, la Seconde République abolit l'esclavage. Devenus libres, les esclaves furent payés pour leur travail, comme les autres travailleurs, et purent choisir leur métier et leur mode de vie.

Les progrès de la liberté DOC. B

Les députés de la Troisième République ont voté des lois qui ont accordé des libertés importantes aux Français. Ceux-ci ont obtenu la liberté de penser (avoir ses propres opinions) et la liberté d'expression (pouvoir les dire et les écrire). Les journaux se sont alors multipliés. Les Français ont également obtenu la liberté de se réunir et de créer des associations et des syndicats. La France est ainsi véritablement devenue une démocratie.

B Les progrès de la liberté

Vendeur de journaux, gravure de 1893

C La laïcité

Article 1. La République assure la liberté de religion. Elle garantit le libre exercice des cultes.

Article 2. La République ne reconnaît ni ne paye aucun culte.

Article 26. Les sonneries des cloches seront réglées par la mairie ou par la préfecture.

Article 28. Il est interdit de mettre aucun signe religieux sur les monuments publics.

Article 35. Si un discours prononcé ou un texte distribué dans les lieux de culte invite une partie des citoyens à prendre les armes contre les autres, le responsable sera puni d'un emprisonnement de trois mois à deux ans.

D'après la loi du 9 décembre 1905

5 Explique pourquoi la liberté d'expression a entraîné le développement des journaux.

6 De nos jours, la presse est-elle libre ?

7 Voit-on encore des scènes comme celle-ci dans la rue ? Pourquoi ?

8 EMC Quels articles de la Déclaration des droits de l'homme et du citoyen (page 81) garantissaient déjà, en principe, la liberté de la presse ?

9 Quels droits cette loi accorde-t-elle ?

10 Quelle limite cette loi pose-t-elle à la liberté religieuse ? Pourquoi ?

11 EMC En quoi la laïcité protège-t-elle notre liberté ?

12 Sous quel roi la France a-t-elle connu une guerre civile à cause des religions ?

La laïcité DOC. C

La Déclaration des droits de l'homme et du citoyen de 1789 proclamait la liberté pour chacun de choisir sa religion. Cette liberté a été confirmée en 1905 par une loi qui a mis fin à l'alliance entre l'Église et le pouvoir : l'État est devenu laïc. Depuis, il ne soutient plus aucune religion. La laïcité protège chacun dans sa liberté d'avoir ses croyances et de pratiquer la religion de son choix, ou de n'en pratiquer aucune.

VOCABULAIRE

une association : un groupe reconnu de personnes qui agissent ensemble dans un même but.

le culte : les cérémonies religieuses.

une démocratie : un État dans lequel le pouvoir appartient à tous.

un syndicat : une association de travailleurs qui défendent leurs intérêts communs.

1100 1200 1300 1400 1500 1600 1700 1800 1900 2000

58 La République et l'égalité

La République a raffermi et complété l'égalité en droits acquise sous la Révolution.

A Le droit de vote pour les hommes

Bureau de vote, tableau de 1891

1. Décris ce bureau de vote : le lieu, les symboles républicains, les personnes…
2. EMC En 1848, tous les hommes ont eu le droit de voter pour la première fois : en quoi cela représentait-il un progrès ?
3. Qui, en 1848, n'avait toujours pas le droit de vote ?
4. EMC Que penses-tu de cette situation ?

Le droit de vote pour les hommes DOC. A

En France, depuis la Révolution, le pouvoir appartient au peuple, qui s'exprime par ses représentants. Mais dans la première moitié du XIXe siècle, seuls les hommes riches avaient le droit de voter. Les autres n'étaient pas considérés comme suffisamment responsables. En 1848, sous la Seconde République, une loi a accordé le droit de vote à tous les hommes de plus de 21 ans : c'était le suffrage masculin.

Des droits pour les femmes DOC. B

À la même époque, les femmes étaient traitées comme inférieures aux hommes. Elles devaient obéir à leur mari. Elles ne possédaient rien, devaient avoir leur autorisation pour travailler et ne pouvaient pas divorcer. Elles ne faisaient pas d'études. Leurs salaires étaient très bas. Elles ne participaient pas à la vie publique. Elles n'avaient pas le droit de voter.

Tout au long du XIXe siècle, des femmes et des

B Des droits pour les femmes

5 Lis le texte. Que dit-il ici ?

6 Explique la dernière phrase.

Il est douloureux de le dire : dans la société, il y a une esclave. Cette esclave, c'est la femme. L'homme a fait verser tous les droits de son côté et tous les devoirs du côté de la femme. La femme ne possède pas, elle ne vote pas, elle ne compte pas, elle n'est pas là. Il y a des citoyens, il n'y a pas de citoyennes. Il faut que cela cesse. Une société est mal faite quand la femme n'a pas le droit de prendre des initiatives. Et l'on reconnaîtra qu'il est difficile de faire le bonheur de l'homme avec la souffrance de la femme.

D'après Victor Hugo, écrivain, 1872

Manifestation en 1910

7 Décris ces personnes.

8 Lis les pancartes : que réclament-elles ? Quels sont les arguments utilisés ?

9 Les femmes ont obtenu le droit de vote en 1944 : combien de temps après les hommes ?

10 EMC Les inégalités entre femmes et hommes ont-elles toutes disparu en France ? Donne des exemples.

hommes se sont mobilisés contre ces inégalités. Ainsi, en 1882, l'enseignement est devenu obligatoire pour les filles comme pour les garçons. En 1884, le droit de divorcer a été rétabli. En 1944, les femmes ont enfin obtenu le droit de vote : c'était le suffrage universel. Mais des inégalités continuent d'exister : il y a peu de femmes ministres, députées ou chefs d'entreprise. Les salaires des femmes restent inférieurs à ceux des hommes.

VOCABULAIRE

un salaire : le paiement que reçoit une personne qui travaille dans une usine ou une entreprise.

le suffrage : le vote.

le suffrage universel : le droit de vote accordé à tous les citoyens d'un pays.

la vie publique : toutes les actions concernant la vie politique de la société.

1100 1200 1300 1400 1500 1600 1700 1800 1900 2000

59 L'HÉRITAGE DE LA RÉPUBLIQUE : DES DROITS ET DES DEVOIRS

La République nous a accordé de nombreux droits. Elle nous donne aussi des devoirs.

A Des droits

Un bureau de vote
Extrait de la Charte de la laïcité à l'école
Une classe de CM2 à Nice

1 (EMC) Regarde ces documents. Quels droits montrent-ils ?

2 (EMC) En quoi montrent-ils la liberté accordée à chacun ?

3 (EMC) En quoi montrent-ils l'égalité entre tous ?

4 Dans les autres pays, les citoyens ont-ils ces mêmes droits ?

3 | La laïcité garantit **la liberté de conscience** à tous. **Chacun est libre de croire ou de ne pas croire.** Elle permet la libre expression de ses convictions, dans le respect de celles d'autrui et dans les limites de l'ordre public.

B Des devoirs

File d'attente devant un bureau de vote, gravure de 1848

5 Pourquoi les hommes sont-ils venus aussi nombreux pour voter en 1848 ?

6 EMC De nos jours, tous les citoyens votent-ils ?

7 EMC En quoi le vote est-il aussi un devoir du citoyen ?

Des élèves de CM2

8 EMC Qu'est-ce que la tolérance ?

9 EMC Quelle partie de la devise de la République nous appelle à nous montrer tolérants ?

10 EMC Que faut-il faire pour se montrer tolérant ?

Extraits de la Charte de la laïcité à l'école

11 EMC Quel devoir la Charte de la laïcité nous donne-t-elle ?

• • LA RÉPUBLIQUE EST LAÏQUE • •

• • L'ÉCOLE EST LAÏQUE • •

9 La laïcité implique **le rejet de toutes les violences et de toutes les discriminations**, garantit **l'égalité entre les filles et les garçons** et repose sur une culture du respect et de la compréhension de l'autre.

14 Dans les établissements scolaires publics, les règles de vie des différents espaces, précisées dans le règlement intérieur, sont respectueuses de la laïcité. **Le port de signes ou tenues par lesquels les élèves manifestent ostensiblement une appartenance religieuse est interdit.**

Je fais le bilan du chapitre 5

La République

1 Je sais depuis quand la France est une République et je peux expliquer pourquoi les Français sont attachés à la République.

2 Je peux nommer au moins trois symboles de la République française.

Les actions de la République

3 Je sais quelle décision importante a été prise :
– en 1848 ; – en 1882 ; – en 1905 ; – en 1944.

4 Je peux nommer :
– au moins deux libertés accordées par la République aux citoyens ;
– au moins deux actions menées par la République pour permettre l'égalité en droits.

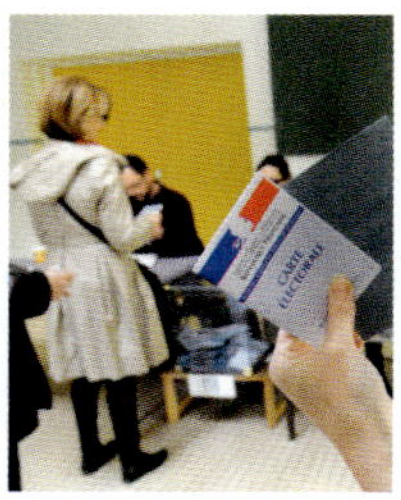

5 Je peux compléter cette phrase :
en 1881-1882, en France, l'école est devenue ..., ... et ...

6 Je sais pourquoi l'école est devenue obligatoire.

7 Je suis capable de décrire une classe à l'époque de Jules Ferry.

8 Je peux expliquer en quoi la laïcité protège nos droits.

6

La France, des guerres mondiales à l'Union européenne

60 Les traces de deux guerres mondiales

Dans notre vie quotidienne, on trouve facilement les traces des deux terribles guerres qui, au XXe siècle, ont touché la France et le monde entier.

→ A Des jours fériés

1 Quel est le nom de cette rue ?

2 Vas-tu à l'école le 8 mai ?

3 Sais-tu ce qui s'est passé le 8 mai 1945 ?

4 Nomme d'autres jours fériés.

5 Que célèbre-t-on le 11 novembre ?

→ B Des monuments aux morts

Monument aux morts de Saint-Gervais en Savoie

6 Décris ce monument aux morts.

7 Pourquoi garde-t-on la mémoire des soldats morts pour la France ?

8 Où se trouve le monument aux morts de ta commune ?

9 Comment est-il ?

C Des lieux pour se souvenir

La plaine de Verdun

Ici, une terrible bataille a coûté la vie à 500 000 soldats français et allemands. Cent ans après, on voit encore dans le sol les traces des terribles combats.

10 À ton avis, pourquoi ne cultive-t-on plus ce champ ?

Plage du débarquement en Normandie

Le 6 juin 1944, des soldats du monde entier ont débarqué ici, en Normandie, pour libérer l'Europe alors en guerre.

11 Décris les vestiges que l'on peut voir sur cette plage.

12 À ton avis, pourquoi les laisse-t-on sur la plage ?

Plaque commémorative dans une rue

13 Trouve un mot de la même famille que « commémorative ».

14 Que dit cette plaque commémorative ?

15 Y en a-t-il une comme celle-ci près de chez toi ?

61 La première guerre mondiale (1914-1918)

Au début du xxᵉ siècle, l'Europe était déchirée par de profondes rivalités entre les pays européens.

A Une guerre mondiale

La Première Guerre mondiale en Europe

1. Observe la carte du haut : quel continent représente-t-elle ?
2. Quels étaient les pays alliés avec la France ?
3. Quels étaient les pays en guerre contre la France ?

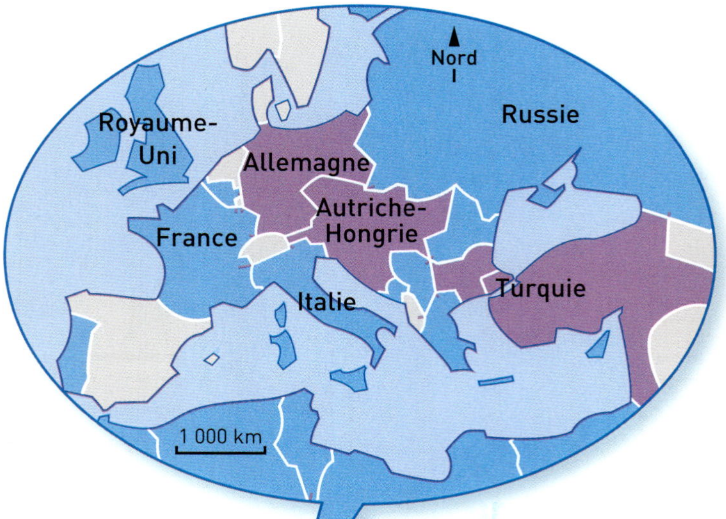

La Première Guerre mondiale dans le monde

4. Observe la carte du bas : quel espace représente-t-elle ?
5. Nomme les continents touchés par la guerre.
6. En quoi peut-on dire que cette guerre était mondiale ?
7. En dehors de l'Europe, quels étaient les pays alliés avec la France ?
8. Quel camp avait le plus grand nombre d'alliés ?

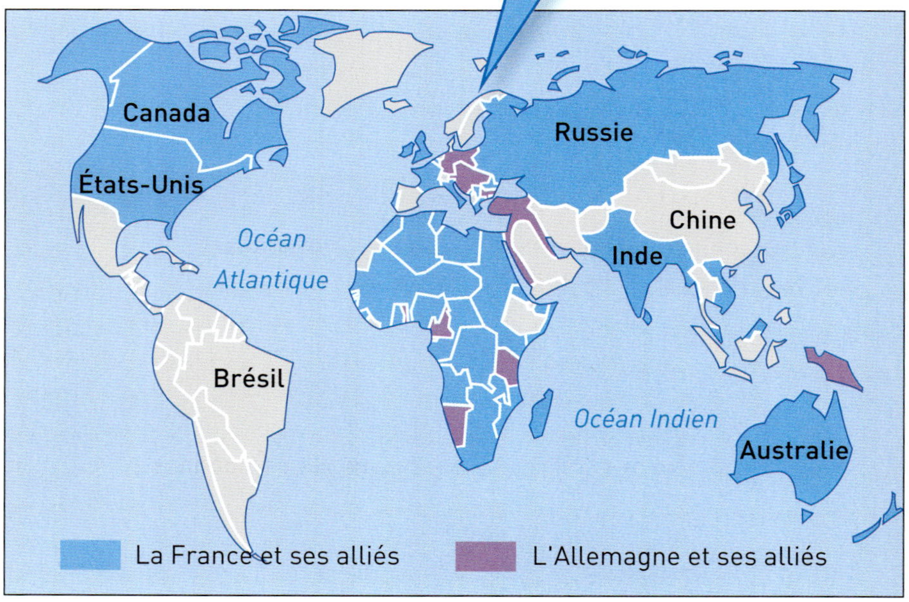

Une guerre mondiale DOC. A

Au début du xxᵉ siècle, les pays européens étaient en rivalité et avaient noué des alliances, formant ainsi deux camps : l'Allemagne et l'Autriche-Hongrie, d'un côté ; la France, le Royaume-Uni et la Russie, de l'autre. En 1914, ces deux camps se déclarèrent la guerre. Celle-ci se propagea à toute l'Europe puis à une grande partie du monde : les colonies, en Afrique et en Asie, puis les États-Unis qui se rallièrent à la France et au Royaume-Uni.

Une guerre totale DOC. B

La guerre prit une ampleur inconnue jusque-là. On se battait sur terre, mais aussi dans les airs avec les premiers bombardements aériens, et sur les mers avec les premiers sous-marins. Pour mieux tuer, on inventa de nouvelles armes : gaz asphyxiants, lance-flammes, mines… Toute la population était en guerre : ceux qui ne combattaient pas travaillaient pour fabriquer des armes et des munitions, approvisionner l'armée, soigner les blessés…

B Une guerre totale

La ville de Lens en France, en 1919

La Première Guerre mondiale n'a pas seulement tué des soldats : elle a également touché les civils, victimes des bombardements.

9 Quelles armes ont ainsi pu détruire cette ville ?

10 Quelles conséquences cette situation a-t-elle eues sur la vie quotidienne des habitants ?

C La fin de la guerre

11 Comment a-t-on annoncé l'armistice dans les campagnes ?

12 Quel bilan l'auteur fait-il de la guerre ?

13 Sur la frise chronologique, situe cette guerre.

Lorsque sonnèrent les cloches de l'armistice, je me trouvais dans mon village. C'était une admirable journée d'automne. Quel calme ! Que le sérénité ! Et c'est dans ce silence que s'éveilla le vol des cloches. C'en était à jamais fini. À dater de cette heure, les hommes n'épuiseraient plus la joie de se sentir vivants. Je me souvenais de notre départ cinquante-deux mois auparavant. Ces souffrances que nous pressentions, ces horreurs, ces massacres, nous savions à présent que leur réalité avait dépassé de bien loin tout ce que nous imaginions.

D'après Maurice Genevoix, écrivain, *La Médaille militaire*, n° 460, 1938

© Société nationale des médaillés militaires, DR

La fin de la guerre DOC. C

En 1918, les Français et leurs alliés gagnèrent la guerre. Vaincue, l'Allemagne signa l'armistice le 11 novembre 1918. La Première Guerre mondiale, également appelée la « Grande Guerre », avait dépassé tous les conflits précédents : par le nombre de pays concernés, par sa durée, par sa violence et par son ampleur. 9 millions de soldats et 9 millions de civils avaient été tués. Une partie de l'Europe était en ruine.

VOCABULAIRE

un allié : une personne, un pays qui a une alliance avec une autre personne ou un autre pays et le soutient.

un armistice : un accord entre des ennemis pour arrêter les combats.

un bombardement : le lancement d'un grand nombre de bombes sur un lieu.

les civils : la population, par opposition aux soldats

une mine : un engin explosif qui se déclenche quand on marche ou roule dessus.

1100 1200 1300 1400 1500 1600 1700 1800 1900 2000

62 La première guerre mondiale : les soldats dans les tranchées

En 1914, les soldats de chaque camp pensaient que la guerre serait vite gagnée.
Mais rapidement, les ennemis se sont trouvés bloqués, face à face.
Pour se protéger, chaque camp a alors creusé des tranchées dans lesquelles se terrer.

A Les combats

Les combats à Verdun, image de 1916

1 **Comment les trous creusés permettaient-ils aux soldats de se protéger ?**

Les armées ont creusé des passages pour relier ces « trous » : ce furent les tranchées. Les soldats y combattaient dans des conditions effroyables. Toujours en alerte, ils montaient à l'assaut sous un déluge de tirs de mitraillettes, d'obus, de lance-flammes, de gaz mortels. À chaque fois, ils tentaient de prendre la tranchée de l'ennemi pour le forcer à reculer dans une autre tranchée.

2 **Lis le texte et décris l'attaque lancée par les soldats.**

3 **Que font-ils pour se donner du courage ?**

4 **Explique la dernière phrase.**

Hier devait avoir lieu l'attaque d'une tranchée allemande. Au signal, les lieutenants s'élancent en criant : « En avant ! », « À l'assaut ! », « Pour la France ». L'un d'eux entonne *La Marseillaise*. Derrière eux, toute la troupe. Quel élan, quel enthousiasme pour ces hommes qui savent pourtant qu'ils n'ont aucune chance. Les lieutenants meurent, frappés à la tête. Les soldats tombent à leur tour. Hélas, on ne peut ni avancer, ni reculer. Les vivants se couchent et tentent de mettre de la terre devant leur tête pour se protéger des balles. Il faut attendre la nuit. Au soir, un blessé me dit : « Ce qu'il faut souffrir pour la France. »

D'après une lettre du Dr Martin-Laval à sa sœur, 1915, cité dans J.-P. Guéno, Y. Laplume, J. Pecnard, *Paroles de poilus*, Tallandier, 1998

B La vie dans les tranchées

Quand ils ne montaient pas à l'assaut, les soldats vivaient dans les tranchées, pendant des semaines, des mois, sous le feu incessant de l'ennemi, la peur au ventre, horrifiés par la mort de leurs camarades. Ils souffraient de la faim, du froid et de la pluie. Ils dormaient dans la boue, au milieu des cadavres et des rats.

Voilà près d'un mois que je ne me suis pas déshabillé et que je n'ai pas retiré mes chaussures. Je me suis lavé deux fois : dans une fontaine et dans un ruisseau près d'un cheval mort. On dort un quart d'heure de temps en temps. On dort debout, à genoux, assis, accroupi et même couché. On dort sur les chemins, dans les buissons, dans les tranchées, dans les arbres, dans la boue. On dort même sous la fusillade. Le silence seul réveille.

D'après une lettre d'André Fribourg, soldat, 1915, cité par Anovi, www.grande-guerre.fr

5 Lis ces textes, observe les photos et rassemble les informations sur :
- la nourriture ;
- le sommeil ;
- les conséquences du mauvais temps pour les soldats ;
- le bruit.

6 Imagine d'autres problèmes rencontrés par les soldats dans les tranchées.

C'est l'averse. Accroupis dans la tranchée, nous attendons. L'eau mouille lentement l'uniforme. Après 3 heures, je sens comme un doigt froid sur ma peau. C'est l'eau qui pénètre. Manteau, veste, pull, chemise ont été traversés. Après 15 heures, il pleut. La nuit froide glace l'eau de nos vêtements. Après 24 heures, il pleut.

D'après une lettre d'André Fribourg, soldat, au journal *L'Opinion*, 1915, cité par Anovi, www.grande-guerre.fr

Je viens de déjeuner, mais qu'est-ce qu'une demi-boule de pain pour une journée ! J'en ai mangé la moitié et j'ai encore plus faim. Rien que le matin, il me faudrait la boule entière !

Extraits d'une lettre d'Étienne Tanty, soldat, 1914, cité par Anovi, www.grande-guerre.fr

63 Les conséquences de la Première Guerre mondiale

Par son ampleur et par ses conséquences, la Première Guerre mondiale a influencé toute l'histoire du XXe siècle.

A La guerre « moderne »

Usine de fabrication d'obus en 1916

Pendant la guerre, l'industrie a fabriqué en masse des armes et des munitions. Elle a inventé des armes toujours plus terribles : la mitrailleuse, le lance-flammes, les gaz asphyxiants... C'est la première guerre « moderne » de l'histoire.

1. **Décris cette usine.**
2. **Pourquoi, pendant la guerre, les usines d'armement employaient-elles surtout des femmes ?**

Tir de missile en 2015

Depuis, l'industrie de l'armement a continué d'inventer et de fabriquer des armes toujours plus nombreuses et plus meurtrières.

3. **Connais-tu un endroit dans le monde où il y a actuellement la guerre ?**

B La dernière guerre ?

Affiche pour une exposition

Pour l'opinion publique, l'horreur des combats et le nombre de morts de la Guerre de 14-18 (on ne parlait pas encore de la Première Guerre mondiale) devaient servir de leçon : cette guerre serait certainement la « dernière des dernières » guerres de l'histoire de l'humanité.

4 **Décris cette affiche.**

5 **De quand date-t-elle ?**

6 **Que signifie la « der des ders » ?**

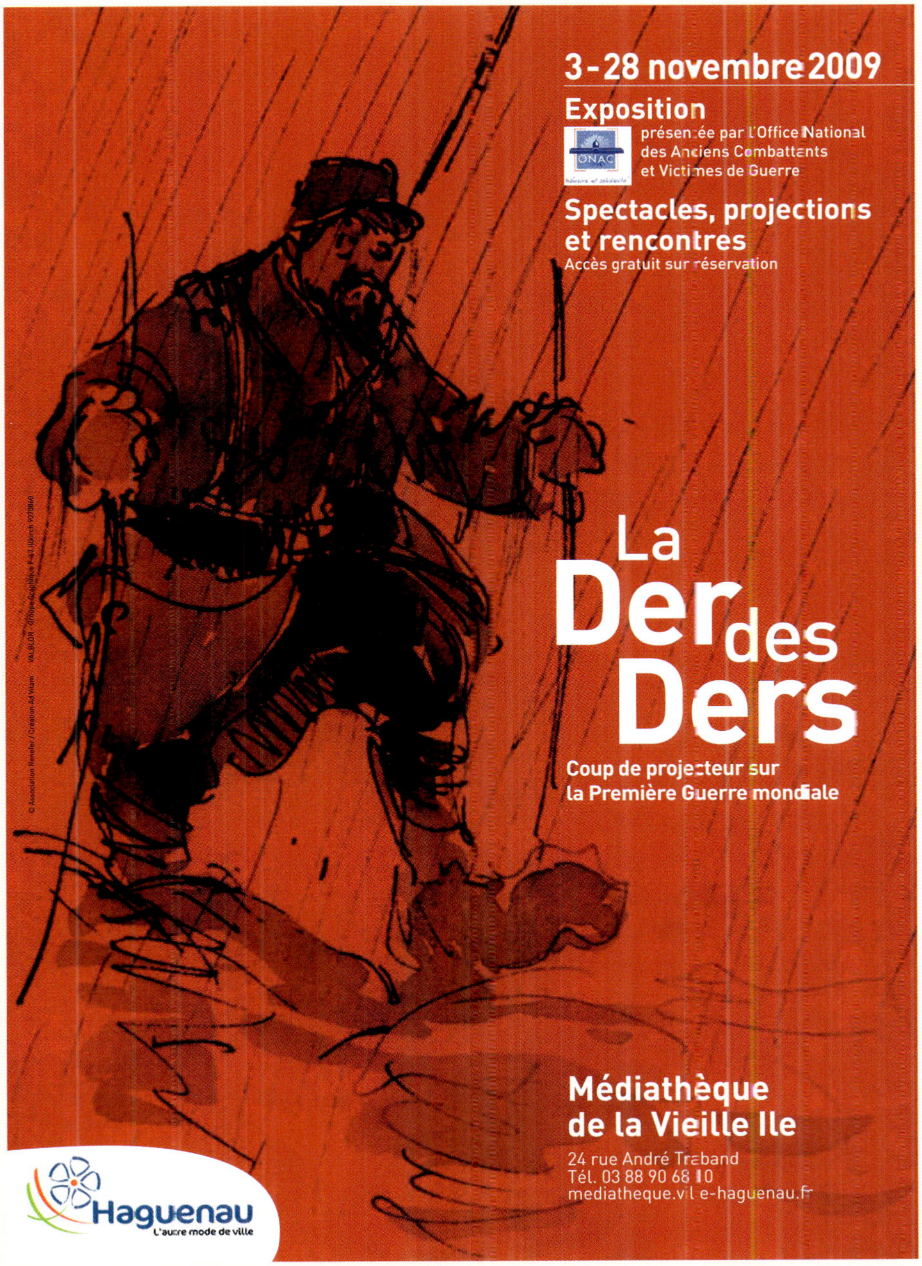

7 **Quels éléments, dans ce texte, sont inquiétants pour la paix de l'époque ?**

Les Allemands, vaincus et humiliés par les conditions de paix qui leur étaient imposées, espéraient prendre leur revanche.

Nous ferons grandir une jeunesse devant laquelle le monde tremblera. Une jeunesse cruelle, qui n'aura peur de rien. Elle saura supporter la douleur. Elle ne sera ni faible ni tendre. Je la ferai s'entraîner à tous les exercices physiques. Ces jeunes gens apprendront à dompter la peur. L'Allemagne ne sera véritablement l'Allemagne que lorsqu'elle sera l'Europe. Tant que nous ne dominerons pas l'Europe, nous ne ferons que piétiner.

Hitler m'a dit, de Hermann Rauschning, 1939

© Librairie Arthème Fayard, 1991 © Librairie Arthème Fayard/Pluriel, 2012

64 La naissance de l'art moderne

La première moitié du XXe siècle a vu les arts se transformer pour donner naissance à l'art moderne.

A La peinture

Portrait de Nusch Éluard, de Pablo Picasso, 1937

Des peintres n'ont plus cherché à représenter la réalité telle qu'elle est mais telle qu'ils la ressentaient. Par exemple, ici, Picasso a représenté son modèle par des formes géométriques et sous deux angles différents à la fois.

1 Décris cette femme : son visage, ses cheveux, sa veste, son chapeau, ses bijoux…

2 *Arts* Regarde ce visage de face : prends en compte le cercle, y compris la partie jaune, toute la bouche, les deux yeux et le triangle blanc du nez.

3 *Arts* Maintenant, regarde-le de profil : ne prends en compte que la partie bleue et blanche du visage, le trait vert qui figure le nez et seulement l'œil à gauche.

Jaune-rouge-bleu de Vassily Kandinsky, 1925

Kandinsky a été l'un des premiers à faire de la peinture abstraite. Il traduisait ses émotions par un jeu de formes et de couleurs.

4 *Arts* Essaye de regarder ce tableau sans y voir des formes représentatives : remarque comme c'est difficile.

5 *Arts* Repère la disposition des couleurs et explique le titre du tableau.

→ B

La sculpture

Constellation
d'Alexander Calder, 1943

Comme la peinture, la sculpture a cessé de représenter le monde réel pour privilégier les formes, les impressions, les couleurs et la composition.

6 *Arts* **Trouve un adjectif pour dire l'impression qui se dégage de cette œuvre.**

→ C

La chanson

À partir des années 1930, le développement de la radio a permis l'essor de la chanson populaire. On a alors beaucoup entendu les mélodies joyeuses et les textes poétiques de Charles Trénet.

7 *Arts* **Quels mots créent une atmosphère joyeuse ? une atmosphère poétique ?**

Y a d'la joie, bonjour bonjour les hirondelles
Y a d'la joie, dans le ciel par-dessus le toit
Y a d'la joie, et du soleil dans les ruelles
Y a d'la joie, partout y a d'la joie
Tout le jour, mon cœur bat, chavire et chancelle
C'est l'amour qui vient avec je ne sais quoi
C'est l'amour bonjour, bonjour les demoiselles
Y a d'la joie, partout y a d'la joie

Y'a d'la joie, 1937, paroles de Charles Trenet, musique de Charles Trenet et Michel Emer, © Éditions Raoul Breton

→ D

Le cinéma

Affiche de 1939

Inventé à la fin du XIXe siècle, le cinéma, en noir et blanc et muet, est devenu parlant et en couleur dans la première moitié du XXe siècle. Il est alors devenu un art populaire, qui attire un grand nombre de spectateurs.

8 **Qu'est-ce que cette affiche semble raconter de ce film ?**

65 La deuxième guerre mondiale (1939-1945)

Après la Première Guerre mondiale, la paix en Europe est restée fragile.

A L'avancée allemande et japonaise

1 Relis le texte en bas de la page 143 : en 1939, Hitler dirigeait l'Allemagne. Que voulait-il ?

La Deuxième Guerre mondiale en Europe

2 Observe la carte du haut : quels pays étaient alliés à l'Allemagne ?

3 Quels pays lui étaient opposés ?

La Deuxième Guerre mondiale dans le monde

4 Observe la carte du bas : quel autre pays était dans le camp de l'Allemagne ?

5 Quels pays sont venus rejoindre les Alliés contre l'Allemagne ?

6 Quelles régions les Allemands et les Japonais ont-ils conquises durant la guerre ?

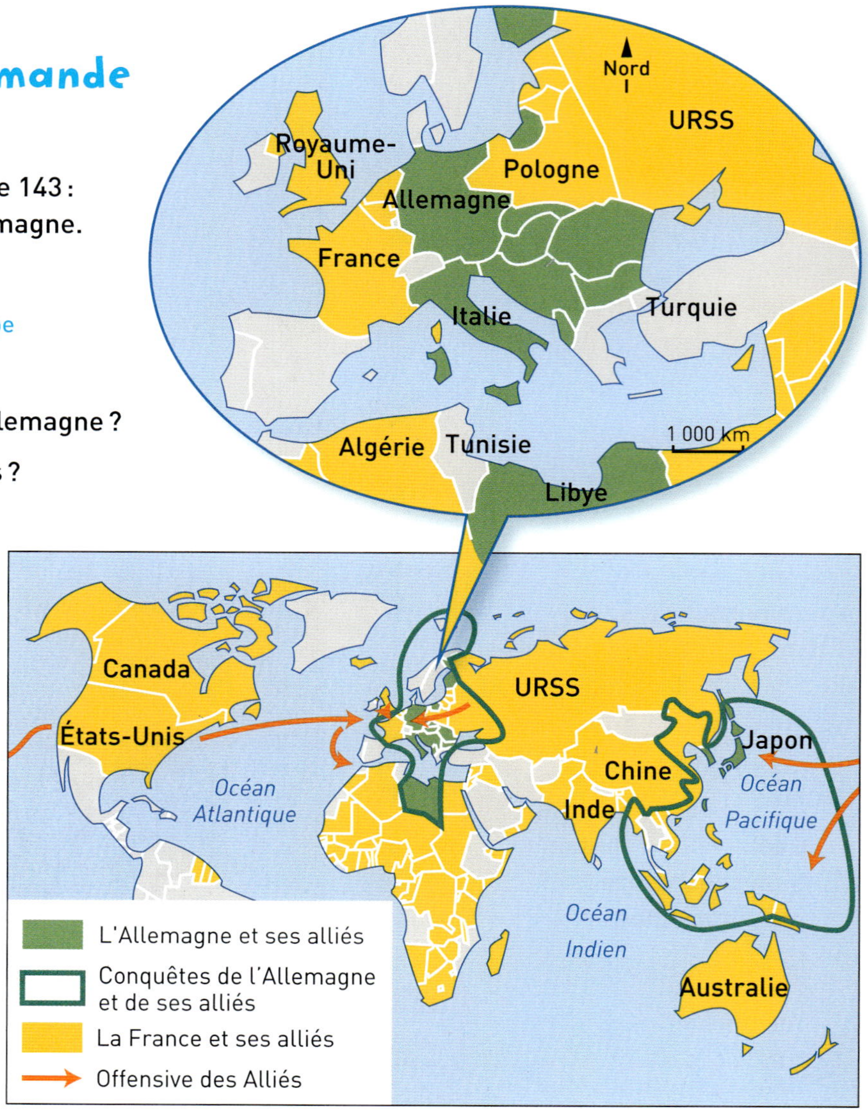

L'avancée allemande et japonaise DOC. A

En 1939, une nouvelle guerre éclata en Europe entre l'Allemagne nazie, décidée à conquérir l'Europe, et la France et le Royaume-Uni. Les troupes allemandes remportèrent des victoires fulgurantes. En 1941, l'Allemagne attaqua l'URSS et le Japon attaqua les États-Unis. La guerre s'étendit au monde. En 1942, l'Allemagne nazie exerçait sa domination sur l'Europe, tandis que le Japon prenait le contrôle des pays autour de l'océan Pacifique.

Une guerre totale DOC. B

Les armées s'affrontaient sur terre avec des chars, dans les océans avec des navires de guerre et des sous-marins, dans les airs avec des avions qui bombardaient sans relâche des zones comme la ville de Londres. Des villes entières étaient détruites. Les morts se comptaient par milliers chaque jour. Le conflit touchait autant les civils que les soldats. Dans les régions qu'ils occupaient, les nazis faisaient régner la terreur.

B Une guerre totale

Bombardement à Londres, 1940

7 Décris cette scène : le lieu, les personnes, l'atmosphère…

8 À ton avis, que s'est-il passé ?

9 Quelles ont été les conséquences pour les personnes qui vivaient ici ?

C La victoire des Alliés

Débarquement de troupes américaines en Normandie, le 6 juin 1944

En secret, les Alliés organisèrent un gigantesque débarquement de troupes, d'armes, de matériel et de véhicules. Grâce à cela, ils reprirent les territoires occupés par les Allemands.

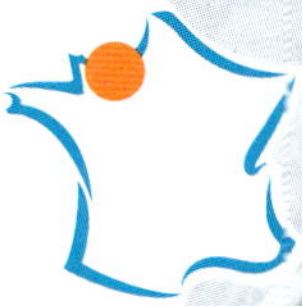

10 Décris cette scène.

11 Imagine les difficultés de ce débarquement.

La victoire des Alliés DOC. C

À partir de 1943, les Alliés (Royaume-Uni, URSS, États-Unis et une partie de la France) arrêtèrent l'avancée allemande et japonaise. Les troupes américaines et britanniques débarquèrent et repoussèrent les Allemands en Europe de l'Ouest, tandis que les Soviétiques les faisaient reculer en Europe de l'Est. L'Allemagne capitula le 8 mai 1945. En août 1945, les États-Unis larguèrent deux bombes atomiques sur le Japon qui capitula à son tour.

VOCABULAIRE

les Alliés : pendant la Deuxième Guerre mondiale, les Britanniques, les Américains et les Soviétiques.

britannique : de Grande-Bretagne (Royaume-Uni).

capituler : s'avouer vaincu, se rendre à l'ennemi.

nazi : favorable au parti politique fondé par Hitler, dont le programme était raciste et guerrier.

les Soviétiques : les habitants de l'URSS.

l'URSS : la Russie et les territoires qu'elle dominait en Europe, au XXe siècle.

1100 1200 1300 1400 1500 1600 1700 1800 1900 2000

66 Le génocide des Juifs et des Tziganes

La Deuxième Guerre mondiale a été d'une horreur inouïe car les nazis ont décidé d'exterminer les Juifs et les Tziganes.

→ A L'antisémitisme

Anne Frank, jeune Juive allemande, a raconté dans son journal sa vie quotidienne.

1. (EMC) **Explique avec tes propres mots ce qu'est l'antisémitisme.**
2. **Quelles sont toutes les interdictions faites aux Juifs en 1942 ?**
3. **Explique la dernière phrase de ce passage.**

Les juifs doivent porter l'étoile jaune ; les juifs doivent rendre leurs vélos, les juifs n'ont pas le droit de prendre le tram ; les juifs n'ont pas le droit de circuler en autobus, ni même dans une voiture particulière ; les juifs ne peuvent faire leurs courses que de trois heures à cinq heures ; les juifs ne peuvent aller que chez un coiffeur juif [...] ; les juifs n'ont pas le droit de fréquenter les théâtres, les cinémas [...] ; les juifs n'ont pas le droit d'aller à la piscine, ou de jouer au tennis [...]. Les juifs n'ont pas le droit d'entrer chez des chrétiens ; les juifs doivent fréquenter des écoles juives, et ainsi de suite, [...]. Jacques me disait toujours : « Je n'ose plus rien faire, j'ai peur que ce soit interdit ».

JOURNAL d'Anne Frank, 1942, © 1992, 2001, Calmann-Lévy, Paris pour la traduction française par Philippe Noble et Isabelle Rosselin-Bobulesco

Un square à Paris pendant la guerre

4. **Décris cette photo : le lieu, les enfants, la pancarte.**
5. (EMC) **En quoi cette mesure est-elle contraire à la Déclaration des droits de l'homme et du citoyen de 1789 ?**

L'antisémitisme DOC. A

Les nazis affirmaient que les Allemands étaient une « race » supérieure qui devait dominer le monde, et que les Juifs et les Tziganes étaient des « races » inférieures. Ils votèrent des lois pour mettre les Juifs à l'écart de la société. Ils confisquèrent leurs biens. Ils leur interdirent d'aller dans certains endroits publics et d'exercer certains métiers. Ils les forcèrent à porter une étoile jaune sur leurs vêtements dans la rue. Ils leur retirèrent le droit de vote.

Le génocide DOC. B

À partir de 1938, les nazis arrêtèrent en masse les Juifs et les Tziganes, en Allemagne puis dans les pays qu'ils occupaient en Europe. Ils les déportèrent dans des camps de concentration. Là, hommes, femmes et enfants menaient une vie très dure. À peine nourris, ils devaient effectuer des travaux pénibles. Ils vivaient dans la terreur. Ils étaient soumis à des mauvais traitements, mouraient de maladie et d'épuisement, ou étaient exécutés.

1 100 200 300 400 500 600 700 800 900

B Le génocide

Arrivée de Juifs dans le camp d'Auschwitz en 1944

Les Juifs étaient déportés vers les camps de concentration. Pour cela, ils voyageaient plusieurs jours, debout, serrés, dans des wagons de marchandises. À leur arrivée, la plupart étaient directement envoyés dans les chambres à gaz.

6 **Décris cette photographie : le lieu, le train, la foule qui arrive, les soldats allemands, les anciens prisonniers reconnaissables à leurs vêtements…**

7 **Lis le texte et explique ce qui arrivait aux Juifs déportés dans les camps de concentration.**

8 **Pourquoi appelle-t-on les camps de concentration les « camps de la mort » ?**

En 1941, je reçus l'ordre d'organiser la « solution définitive » : je devais faire exterminer tous les Juifs d'Europe. Les exécutions massives par les gaz commencèrent. J'estime qu'au moins 2 500 000 victimes furent exécutées par les gaz. Un demi-million au moins mourut de faim ou de maladie, soit un chiffre total minimum de 3 millions de morts. Les autres furent employés au travail forcé dans les usines du camp. Les enfants en bas âge étaient systématiquement exterminés, puisqu'ils étaient incapables de travailler.

Témoignage de Rudolf Höss, ancien commandant du camp d'Auschwitz, 1945-1946

À partir de 1942, les nazis décidèrent d'exterminer les Juifs et les Tziganes. Ils multiplièrent les rafles pour les capturer tous. Ils les déportèrent massivement vers les camps. Là, ils les tuaient dans des chambres à gaz ou les laissaient mourir de faim et de maladie. Ce génocide a causé la mort de plus de cinq millions de Juifs et de 500 000 Tziganes.

VOCABULAIRE

l'antisémitisme : l'hostilité envers les Juifs.
un camp de concentration : un camp où l'on enferme des personnes et les soumet à des mauvais traitements.
déporter : envoyer dans un camp de prisonniers
exterminer : tuer de manière systématique.
un génocide : l'extermination d'un groupe de personnes du fait de leurs origines ou de leur religion.
une rafle : l'arrestation de nombreuses personnes en un même lieu.

67 La France dans la deuxième guerre mondiale

En 1940, la France fut écrasée en quelques semaines par l'armée allemande. Renonçant à combattre, le gouvernement français demanda l'armistice tandis que le Royaume-Uni refusait de se soumettre et poursuivait les combats.

A L'Occupation

File d'attente devant une boulangerie à Paris en 1944

Les Allemands, qui occupaient la moitié Nord de la France, y réquisitionnèrent ce dont ils avaient besoin pour leurs soldats.

1. Décris cette scène.
2. À ton avis, pourquoi les Français sont-ils obligés de faire la queue devant la boulangerie ?
3. Imagine la vie quotidienne des familles qui manquaient de tout.

Français fusillé à Belfort, 1944

Les Allemands faisaient régner la terreur en multipliant les arrestations et les exécutions.

4. Décris cette scène.
5. Fais des recherches et trouve si, dans ta commune, il y a eu des exécutions pendant la guerre.
6. Cherche ce qui est arrivé aux habitants d'Oradour-sur-Glane.

L'Occupation DOC. A

En 1940, l'armée allemande effectua une avancée spectaculaire et la France fut écrasée. Renonçant à combattre, le gouvernement demanda l'armistice. L'armée allemande occupa alors le nord du pays et réquisitionna les richesses : ce fut l'Occupation. Les Français manquaient de tout : nourriture, vêtements, charbon pour se chauffer… Ils souffraient de la faim et vivaient dans l'angoisse des bombardements, des arrestations et des exécutions.

La Collaboration DOC. B

Dans la « zone libre », au Sud, le maréchal Pétain instaura un régime autoritaire. Il supprima les libertés et fit arrêter ceux qui s'opposaient à lui. Il accepta les exigences des nazis : c'est ce que l'on appelle la Collaboration. Il leur fournit de la nourriture et du matériel de guerre. Il fit arrêter et déporter dans les camps 76 000 Juifs qui vivaient en France : presque tous furent exterminés.

B La Collaboration

7 Quelle est la nature de ce texte ? Qui en est l'auteur ?

8 Ces familles juives ont-elles été arrêtées par les Allemands ?

9 D'après la leçon précédente, que sont devenues ces personnes ?

Le 16 juillet 1942, à l'aube, la police parisienne arrête, dans tous les quartiers de Paris et dans sa banlieue, près de 13 000 Juifs. C'est une sauvage chasse au Juif : on arrête hommes, femmes et enfants, on enfonce les portes, on fait des descentes dans les écoles. Les familles sont enfermées au vélodrome d'Hiver. Tous sont parqués dans les gradins, sans aucun moyen de couchage, presque sans nourriture, avec très peu d'eau à boire, avec des toilettes rapidement bouchées. Tous ces malheureux ont vécu cinq jours épouvantables dans un vacarme assourdissant fait de cris et de pleurs.

D'après un déporté de la rafle du Vel'd'Hiv', cité par G. Wellers, *Un Juif sous Vichy*, Tirésias, 1991 © Tirésias-Michel Reynaud

C La Résistance

Un groupe de résistants dans le Massif central en 1944

10 Décris ces résistants.

11 Que pouvaient-ils faire pour combattre les Allemands ?

12 Que risquaient-ils ?

Le général de Gaulle et Jean Moulin, organisateurs de la Résistance

La Résistance DOC. C

Certains Français refusèrent l'armistice et organisèrent la Résistance. Ils s'opposèrent à la politique antisémite menée en France et aidèrent des Juifs à se cacher ou à s'enfuir. Ils continuèrent à se battre, en vivant dans la clandestinité. Peu à peu, les résistants furent de plus en plus nombreux. Jean Moulin et le général de Gaulle coordonnèrent les actions. Les résistants jouèrent un rôle essentiel dans la Libération de la France.

VOCABULAIRE

la Collaboration : l'aide que la France a apportée aux nazis pendant la Deuxième Guerre mondiale.

une exécution : la mise à mort d'une personne.

l'Occupation : le contrôle de la France par les nazis pendant la Deuxième Guerre mondiale.

réquisitionner : prendre d'autorité.

la Résistance : l'action clandestine et armée des Français qui, pendant la Deuxième Guerre mondiale, ont continué le combat contre les nazis.

un résistant : un membre de la Résistance.

1100 1200 1300 1400 1500 1600 1700 1800 1900 2000

68 LES CONSÉQUENCES DE LA DEUXIÈME GUERRE MONDIALE

La Deuxième Guerre mondiale a profondément bouleversé l'histoire du XXe siècle.

A

Le traumatisme

La ville japonaise de Hiroshima après la bombe atomique, 1945

La Deuxième Guerre mondiale a fait 50 millions de morts. Certains pays ont été ravagés par les bombardements.

1. Dans quel état se trouve cette ville ?
2. Que sont devenus les habitants ?
3. Fais des recherches et trouve ce que les survivants de la bombe atomique de Hiroshima sont devenus.

Corps de prisonniers retrouvés dans un camp de concentration, 1945

À la Libération, le monde a découvert avec horreur les actes de barbarie commis par les nazis pendant la guerre.

4. Décris cette scène.
5. Pourquoi le génocide a-t-il horrifié le monde entier ?

B Des crimes contre l'humanité

Le procès de Nuremberg, 1945-1946

Après la guerre, des tribunaux ont jugé les responsables de l'extermination des Juifs et des Tziganes. Ils ont considéré que le génocide était un « crime contre l'humanité » : il porte atteinte aux droits fondamentaux des êtres humains à vivre libres et égaux.

6 Dans ce tribunal, repère, à gauche, les accusés et leurs avocats ; à droite, les juges.

7 Pourquoi était-il nécessaire de juger ceux qui avaient commis ces crimes ?

C La paix

Réunion à l'ONU

En 1945, les Alliés ont invité tous les pays du monde à s'unir pour fonder l'Organisation des Nations unies. L'ONU est chargée de trouver des solutions pacifiques aux désaccords entre les pays de façon à éviter les guerres.

8 Pourquoi les représentants de ces pays dialoguent-ils autour d'une table ronde ?

9 L'ONU a-t-elle réussi son projet : est-ce qu'il n'y a plus de guerres dans le monde ?

10 Lis ce texte. Comment cette déclaration s'appelle-t-elle ? Par qui a-t-elle été faite ?

11 EMC Explique un à un les articles ou donne un exemple pour illustrer chacun d'eux.

12 EMC Qui est concerné par cette déclaration ?

13 EMC De quel autre texte cette déclaration s'est-elle inspirée ?

Article 1. Tous les êtres humains naissent libres et égaux en dignité et en droits.

Article 2. Les droits et libertés sont valables pour tous, sans distinction de race, de couleur, de sexe, de langue, de religion, d'opinion, d'origine, de fortune…

Article 7. Tous sont égaux devant la loi.

Article 9. Nul ne peut être arbitrairement arrêté.

Article 18. Toute personne a droit à la liberté de pensée et de religion.

Article 19. Tout individu a droit à la liberté d'opinion et d'expression.

Article 21. La volonté du peuple doit s'exprimer par des élections au suffrage universel et au vote secret.

D'après la Déclaration universelle des droits de l'homme, ONU, 1948

69 La construction européenne : bâtir la paix

Après la guerre, la France, l'Allemagne et d'autres pays avec eux ont décidé de tout faire pour que l'Europe devienne durablement une zone de paix.

A Une paix fragile

Le mur de Berlin en 1986

Construit en 1961, le « mur de Berlin » marquait la séparation de l'Europe en deux camps : les partisans des États-Unis à l'ouest, et ceux de l'URSS à l'est.

1. **Repère le mur, les deux côtés de la ville de Berlin, la zone interdite entre les deux, les soldats qui patrouillent…**
2. **À ton avis, pourquoi des artistes ont-ils peint ce mur ?**

Les dirigeants français (François Mitterrand) et allemand (Helmut Kohl) rendant hommage ensemble aux morts des deux guerres mondiales, 1984

3. **Dis ce que tu vois sur cette photographie.**
4. **Quel message ces dirigeants ont-ils voulu faire passer ?**

Une paix fragile DOC. A

Après la Deuxième Guerre mondiale, la paix semblait fragile en Europe. Les principaux vainqueurs, les États-Unis et l'URSS, s'opposaient. L'Europe s'était divisée en deux camps : l'Europe de l'Ouest, partisane des États-Unis, et l'Europe de l'Est, dominée par l'URSS. La France et l'Allemagne ont alors décidé de se réconcilier, d'empêcher de nouveaux conflits et d'installer une paix durable en Europe.

Une grande Europe DOC. B

En 1957, par le traité de Rome, l'Allemagne, la France et quatre autres pays ont fondé la CEE : la Communauté économique européenne. Depuis, d'autres pays d'Europe se sont joints à ce projet de s'unir pour construire une paix durable sur le continent. Désormais, ces 28 pays représentent presque tout le continent européen.

1 100 200 300 400 500 600 700 800 900

B Une grande Europe

Carte de l'Union européenne en 2016

5 Nomme les pays qui ont fondé la CEE puis l'Union européenne.

6 Nomme quelques pays qui l'ont rejointe depuis.

7 Où se trouvent les pays européens qui ne sont pas membres de l'Union européenne ? Sont-ils nombreux ?

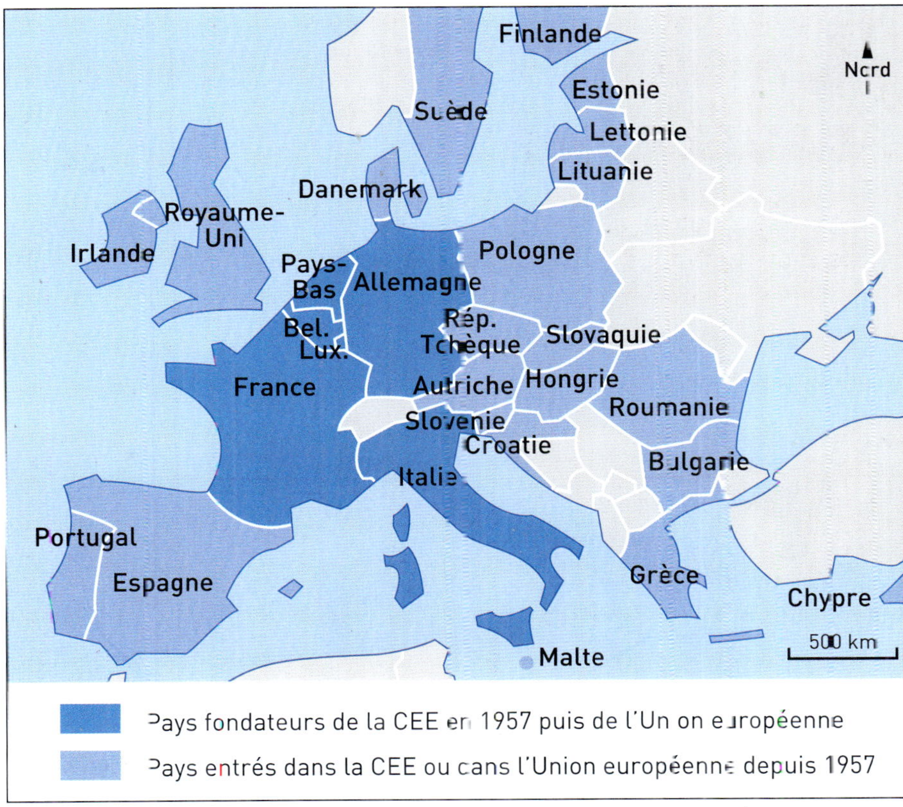

C L'Union européenne

Passeport européen

8 À quoi un passeport sert-il ?

9 (EMC) De quelle **nationalité** est le propriétaire de ce passeport ?

10 (EMC) En quoi la **citoyenneté** européenne contribue-t-elle à la paix en Europe ?

11 Ce passeport est-il nécessaire pour entrer dans les autres pays de l'Union européenne ?

L'Union européenne DOC. C

En 1992, le traité de Maastricht a transformé la CEE en Union européenne. Celle-ci protège la paix, la démocratie et les droits de l'homme en Europe. Elle met en place une politique commune dans de nombreux domaines. Les Européens ont la **citoyenneté** européenne en plus de leur citoyenneté nationale. Ils peuvent s'installer où ils veulent dans l'Union européenne et participer aux **élections municipales** du pays dans lequel ils habitent.

VOCABULAIRE

la citoyenneté : le fait d'être citoyen, d'avoir des droits et des devoirs envers son pays ou envers l'Union européenne.

les élections municipales : l'élection des conseillers municipaux, à la mairie.

la nationalité : le lien entre un individu et sa patrie, son pays.

partisan : favorable à.

se réconcilier : s'entendre à nouveau après une dispute, un conflit.

1100 1200 1300 1400 1500 1600 1700 1800 1900 2000

70 LA CONSTRUCTION EUROPÉENNE : DÉVELOPPER L'ÉCONOMIE

Pour renforcer la paix entre eux, les pays de l'Union européenne ont mis en place des politiques économiques communes.

A Un marché unique

Allégorie de W. P. Roberts, 1963

1. Décris cette scène.
2. Ce tableau est une allégorie (la représentation d'une idée par une image) : que dit-il des relations commerciales entre les pays de l'Union européenne ?

Un marché unique DOC. A

Normalement, une personne ou une entreprise doit demander une autorisation pour travailler ou vendre dans un pays étranger. L'Union européenne est un « marché unique » : chaque habitant, chaque entreprise peut s'installer, travailler et vendre ses marchandises ou ses services dans tous les pays de l'Union. Depuis 2002, ces échanges sont facilités par l'utilisation d'une monnaie commune : l'euro, utilisé dans la majorité des pays membres.

Une politique commune DOC. B

Les pays membres de l'Union européenne travaillent ensemble pour réaliser de grands projets comme la construction d'avions (Airbus) et de fusées (Ariane). Ils s'organisent pour aider des métiers en difficulté, comme celui d'agriculteur. Les pays d'Europe sont petits à l'échelle de la planète mais, ensemble, ils constituent une grande puissance mondiale. Cela leur permet d'avoir une forte influence sur le reste du monde.

B Une politique commune

Usine d'assemblage des avions Airbus à Toulouse

Le corps de cet Airbus est fabriqué en Allemagne, la cabine de pilotage en France, l'arrière en Espagne et les ailes au Royaume-Uni.

3. Dans quelle ville cet atelier d'assemblage se trouve-t-il ? Dans quel pays ?
4. Pourquoi un seul pays européen aurait-il du mal à construire un tel avion ?

C Une difficile solidarité

En 2014, la Bulgarie, l'un des pays les plus pauvres de l'UE, a subi de graves inondations. Des maisons, des routes, des écoles, des réseaux d'eau et d'énergie ont été détruits.

5. Quelles difficultés une inondation provoque-t-elle ?
6. En quoi faire partie de l'UE peut-il être un atout ?
7. À ton avis, la solidarité entre les pays est-elle toujours facile ?

Une difficile solidarité DOC. C

Les pays membres de l'Union européenne se sont engagés à être solidaires. Les pays riches aident les pauvres de façon à réduire les inégalités. Quand un pays se trouve en difficulté, les autres viennent à son secours. Mais l'Europe traverse une crise économique. De nos jours, chacun a tendance à se replier sur ses problèmes et à contester ses devoirs envers les autres pays.

VOCABULAIRE

- **une crise économique** : une période de grandes difficultés économiques dans un pays, une région.
- **un pays membre** : un pays qui fait partie.
- **une puissance mondiale** : un pays qui a de l'importance, de l'influence au niveau mondial.
- **solidaire** : qui se sent lié à d'autres personnes.
- **la solidarité** : la relation entre des personnes qui les pousse à s'aider mutuellement.

1100 1200 1300 1400 1500 1600 1700 1800 1900 2000

Je fais le bilan du chapitre 6

Les deux guerres mondiales

1 Je peux donner les dates de la Première et de la Deuxième Guerre mondiale.

2 Je connais :
- deux pays alliés de la France pendant les deux guerres mondiales ;
- un pays opposé à la France pendant les deux guerres mondiales.

3 Je peux dire un élément qui fait que la Première Guerre mondiale a été différente des précédentes.

4 Je peux expliquer les mots :
- Occupation
- Collaboration
- Résistance
- Débarquement

5 Je sais expliquer ce qu'est le génocide des Juifs et des Tziganes pendant la Deuxième Guerre mondiale.

6 Je suis capable d'expliquer pourquoi, après la Deuxième Guerre mondiale, on a jugé des personnes pour crimes contre l'humanité.

L'Union européenne

7 Je peux nommer deux pays qui ont construit l'Union européenne.

8 Je connais au moins trois autres pays qui en font partie.

9 Je peux dire pourquoi les pays d'Europe construisent l'Union européenne.

Table des copyrights

4-h	ph © Luisa Ricciarini/Leemage
4-m	© BNF, Paris
4-b	ph © Photo Josse/Leemage
5-h	ph © Akg-Images
5-m	ph © Josse / Leemage
5-b	ph © Akg-Images
7	ph © Luisa Ricciarini / Leemage
8-g	La Flûte enchantée racontée aux enfants © Didier jeunesse
8-d	Bescherelle Ma première histoire de France © Hatier
9	ph © Victoria & Albert Museum, London, UK / Bridgeman Images
10-a	ph © Daniel Martin / Muséum de Toulouse
10-b	ph © Jean Schormans / RMN-Grand Palais (musée d'Archéologie nationale)
10-c	ph © Hatala / Coll. Musée de l'Homme, Paris
10-d	ph © Patrick Aventurier / Sipa
11-C	ph © Jean-Gilles Berizzi / RMN-Grand Palais (musée d'Archéologie nationale)
12-h	ph © N.-A Aujoulat@CNP-MCC
12-bd	ph © Jean Vertut
13-B	ph © Jean Clottes
13-C	ph © Fanny Broadcast / Gamma-Rapho
14-A	ph © Philippe Merle / AFP
14-B	ph © Baptiste FENOUIL / REA
15-C	ph © Gérard Labriet / Photononstop
15-D	ph © PHOTOPQR / LE PROGRES / PHILIPPON JOEL
17-B	ph © DeAgostini / Leemage
17-C	ph © R.G. Ojéda / RMN
18-A	ph © B. Merle / Photononstop
18-B	ph © Collection Dagli Orti / Musée de la Civilisation Gallo-Romaine Lyon / Gianni Dagli Orti
19-h	ph © Musée Gaumais, Virton, Belgique
19-b	ph © Collection Dagli Orti / Musée Lapidaire Avignon / Gianni Dagli Orti
20	ph © Collection Dagli Orti / Museo della Civilta Romana Rome / Gianni Dagli Orti
21-B	ph © Granger Collection / Collection Dagli Orti
21-C	ph © DeAgostini / Leemage
22-A	ph © SUPERSTOCK / SIPA
22-B	ph © Stevan ZZ / Shutterstock
23-C	ph © Mopy / Rapho / Eyedea
23-D	ph © Luigi Vaccarella / SIME / Photononstop
23-E	ph © Santi Rodríguez / Fotolia.com
24-Bg	ph © Alain Le Bot / Photononstop
24-Bd	ph © Marta Nascimento / REA
25-C	ph © DeAgostini / Leemage
25-D	ph © Y. Guichaoua / Hoa-Qui / Eyedea
25-E	ph © Collection Dagli Orti / Rheinische Landesmuseum Trier / Gianni Dagli Orti
26	ph © Bridgeman Images
27	ph © Christophe Boisvieux / hemis.fr
28-29	ph © Jean Gourbeix / Simon Guillot / Ministère de la Culture - Médiathèque du Patrimoine, Dist. RMN-Grand Palais
30	ph © FoodCollection / Photononstop
31-C	ph © Walters Art Museum, Baltimore, USA / Bridgeman Images
31-D	ph © Nathan Alliard / Photononstop
31-E	© Wikipédia
33	ph © Bridgeman Images
34	ph © Josse / Leemage
35-h	ph © Collection Dagli Orti / Bibliothèque Municipale Castres / Gianni Dagli Orti
35-b	Coll. Archives Hatier
36	ph © J.G. Berizzi / RMN-Grand Palais (musée du Louvre)
37-B	ph © Collection Dagli Orti / Biblioteca Nazionale Marciana Venise
37-C	ph © Akg-Images / Interfoto / Daniel
38	ph © MOUSSE-POOL / SIPA
39-C	ph © Collection Dagli Orti / Bibliothèque Municipale Castres / Gianni Dagli Orti
39-D	ph © JP AMET / MAX PPP
40-hd	ph © Jean-Gilles Berizzi / RMN-Grand Palais (musée d'Archéologie nationale)
40-md	ph © R.G. Ojéda / RMN
40-bg	ph © Granger Collection / Collection Dagli Orti
40-bm	ph © Collection Dagli Orti / Bibliotheque Municipale Castres / Gianni Dagli Orti
40-bd	ph © J.G. Berizzi / RMN-Grand Palais (musée du Louvre)
41	© BNF, Paris
42	ph © Bibliothèque nationale de France
43-B	ph © DeAgostini / Leemage
43-C	Coll. Archives Hatier
44	ph © Luisa Ricciarini / Leemage
46	ph © Bridgeman Images
47	Coll. Archives Hatier
48-h	Coll. Archives Hatier
48-mm	ph © Gérard Blot / RMN
48-md	ph © Gérard Blot / RMN
48-bm	ph © Daniel Arnaudet / RMN
48-bd	ph © Josse / Leemage
49-B	ph © Josse / Leemage
49-C	ph © Yves Talensac / Photononstop
49-D, m	Coll. Archives Hatier
49-D, d	© Union européenne
50, 52	ph © Josse / Leemage
53-B	ph © Gérard Blot / RMN
53-C	ph © BnF, Dist. RMN-Grand Palais / image BnF
54	ph © Erich Lessing / Akg-Images
55-B	ph © P. Horree / Alamy / Photo 12
55-C	ph © José Fuste Raga / Age Fotostock
56-A	ph © SCN Archives Nationales - Atelier photo
56-B	ph © PHOTOPQR / LE TELEGRAMME / FRANCOIS DESTOC
57-C, g	ph © Daniel Thierry / Photononstop
57-C, d	ph © Michel Urtado / RMN-Grand Palais (musée du Louvre)
57-D	ph © www.photo-aerienne-France.fr
58	ph © De Agostini / Leemage
59	ph © Josse / Leemage
60-A	ph © MP / Leemage
60-B	ph © J-Charles Gérard / Photononstop
61-C	ph © De Agostini Picture Library / G. Dagli Orti / Bridgeman Images
61-D	ph © Frédéric Soreau / Photononstop
62-A	ph © BnF, Dist. RMN-Grand Palais / image BnF
62-B	ph © Josse / Leemage
63-C	ph © Heritage Images / Leemage
63-D	ph © DeAgostini / Leemage
63-E	ph © MP / Leemage
64	ph © Hervé Lewandowski / RMN-Grand Palais (musée d'Orsay)
65-C	ph © RMN - Grand Palais / Château de Versailles / C. Jean / J. Schormans
66	ph © Shutterstock Inc
67-B	ph © RMN - Grand Palais / Château de Versailles / M. Utardo
67-C	ph © Rosine Mazin / Photononstop
68	ph © Luisa Ricciarini / Leemage
69	ph © Josse / Leemage
70	ph © Gérard Blot / RMN-Grand Palais (musée du Louvre)
71-B	ph © DeAgostini / Leemage
71-C	ph © Aisa / Leemage
72-A	ph © Château de Versailles, France / Bridgeman Images
73-C	ph © Josse / Leemage
73-D	ph © Bianchetti / Leemage
73-E	ph © Josse / Leemage
74-hd	ph © BNF, Paris
74-2	Coll. Archives Hatier
74-2	ph © Josse / Leemage
74-2	ph © MP / Leemage
74-2	ph © Gérard Blot / RMN-Grand Palais (musée du Louvre)
74-md	ph © Michel Urtado / RMN-Grand Palais (musée du Louvre)
74-5	ph © www.photo-aerienne-France.fr
74-5	ph © Shutterstock Inc
75	ph © Josse / Leemage
76	ph © Bridgeman Images
77-B	ph © Josse / Leemage
77-C	ph © Agence Bulloz / RMN-Grand Palais
78	ph © Selva / Leemage
79, 81	ph © Bridgeman Images
82-h	ph © Musée de la Ville de Paris, Musée Carnavalet, Paris, France / Bridgeman Images
82- b	ph © Josse / Leemage
83-B, h	ph © Musée de la Ville de Paris, Musée Carnavalet, Paris, France / Bridgeman Images
83-B, m	ph © MP / Leemage
83-C	ph © Tallandier / Bridgeman Images
84-A	source : http://www.conseil-constitutionnel.fr

84-B	ph © Josse / Leemage
85	ph © Archives Charmet / Bridgeman Images
86	ph © Aisa / Leemage
87	ph © Agence Bulloz / RMN-Grand Palais
89	ph © The British Library Board / Leemage
90	ph © Josse / Leemage
91-D	ph © Laurent CERINO / REA
92-1	ph © Josse / Leemage
92-md	ph © Selva / Leemage
92-5	ph © Josse / Leemage
92-5	ph © Archives Charmet / Bridgeman Images
92-bd	ph © Agence Bulloz / RMN-Grand Palais
93	ph © Akg-Images
94	ph © C. Benoit
95-B	Coll. Kharbine / Tapabor
95-C	ph © Museum of City New York / Corbis
96-A	Coll. Grob / Kharbine-Tapabor
96-B, g	ph © akg / Science Photo Library
96-B, d	ph © akg-images
97-C	ph © Selva / Leemage
97-D	ph © Musée Nat. des Arts et Traditions Populaires, Paris, France / Bridgeman Images
98	© Musée Gadagne - Lyon
99	ph © Josse / Leemage
100-h	ph © Bianchetti / Leemage
100-b	ph © DeAgostini / Leemage
101-C	Coll. Jonas / Kharbine-Tapabor
101-D	ph © Archives Charmet / Bridgeman Images
102	ph © Artedia / Leemage
103-B, h	ph © Artedia / Leemage
103-B, m	doc. Carte postale / DR
103-C	ph © F. Guiziou / hémis.fr
104	ph © Josse / Leemage
105-B	ph © FineArtImages / Leemage
105-C	ph © PVDE / Bridgeman Images
106	ph © Josse / Leemage
107-g	Coll. Sirot-Angel / Leemage
107-d	ph © Maurice-Louis Branger / Roger-Viollet
108	ph © akg-images
109-h	ph © ND / Roger Viollet
109-b	Coll. Sirot-Angel / Leemage
110-A	ph © DeAgostini / Leemage
110-B	ph © Josse / Leemage
111-hd	ph © Michel Setboun / Photononstop
111-mg	ph © Guy Marché / Photononstop
111-md	ph © Daniel Thierry / Photononstop
111-bd	ph © Artedia / Leemage
112-h	ph © Superstock / Leemage
112-b	Coll. Kharbine-Tapabor
113	ph © Josse / Leemage
114-A	ph © Bridgeman Images
114-B	ph © Josse / Leemage
115-C	ph © E. Lessing / Akg-Images
115-D	ph © Luisa Ricciarini / Leemage
116-A	ph © M.LIBERT / 20 MINUTES / SIPA
116-B	ph © Eric Audras / AltoPress / Maxppp
117-C	Coll. Kharbine-Tapabor
117-D	ph © Akg-Images
118-1	Coll. Kharbine-Tapabor
118-1	ph © Museum of City New York / Corbis
118-2	Coll. Grob / Kharbine-Tapabor
118-2	© Musée Gadagne - Lyon
118-2	ph © DeAgostini / Leemage
118-2	ph © Josse / Leemage
118-2	ph © Superstock / Leemage
118-4	ph © Artedia / Leemage
118-4	ph © PVDE / Bridgeman Images
118-4	ph © Artedia / Leemage
118-4	ph © Neurdein / Roger Viollet
118-4	ph © Artedia / Leemage
118-4	ph © Maurice-Louis Branger / Roger-Viollet
119	ph © Josse / Leemage
120	Coll. CL / Kharbine-Tapabor
121	ph © Bridgeman Images
122	ph © Josse / Leemage
123-C	ph © Alexandre MARCHI / PHOTOPQR / L'EST REPUBLICAIN
123-E	ph © JULES MOTTE / SIPA
124	ph © Archives Charmet / Bridgeman Images
125	ph © Musée Carnavalet / Roger-Viollet
126-hd	ph © Neurdein / Roger-Viollet
126-A	© Réseau Canopé 2015 - Musée national de l'Education
127	ph © Duvallon / Leemage
128	ph © G. Blot / RMN
129	ph © DeAgostini / Leemage
130	ph © Josse / Leemage
131	Coll. Kharbine-Tapabor
132-hd	ph © Alain Le Bot / Photononstop
132-mg	Charte de la laïcité à l'école, www.education.gouv.fr
132-b	ph © B. Bebert / Sipa Press
133-h	ph © Akg-Images
133-m	ph © KidStock / Blend Images / Photononstop
133-b	Charte de la laïcité à l'école, www.education.gouv.fr
134-2	ph © Alexandre MARCHI / PHOTOPQR / L'EST REPUBLICAIN
134-2	ph © JULES MOTTE / SIPA
134-2	ph © D. Silpa / UPI / Eyedea
134-4	ph © G. Blot / RMN
134-4	ph © DeAgostini / Leemage
134-4	ph © Josse / Leemage
134-4	ph © Alain Le Bot / Photononstop
134-4	ph © B. Bebert / Sipa Press
134-bd	ph © Neurdein / Roger-Viollet
135	ph © Akg-Images
136-A	ph © Pixarno / Fotolia
136-B	ph © F. De Noyelle / Godong / Photononstop
137-h	ph © MARY EVANS / SIPA
137-m	ph © Lydie LECARPENTIER / REA
137-b	ph © Bruno Levesque / IP3 / MaxPPP
139	© L'Illustration
140	© Roger Viollet
141-md	ph © Albert Harlingue / Roger-Viollet
141-bg	ph © TopFoto / Roger-Viollet
142-h	ph © BPK, Berlin, Dist. RMN-Grand Palais / image BPK
142-b	ph © Rex Shutterstock / SIPA
143	Médiathèque de Haguenau © Vablor
144-h	ph © RMN - Grand Palais / G. Blot / © Succession Picasso, 2016
144-b	ph © Akg-Images
145-B	© Calder Foundation New-York / ADAGP, Paris 2016 – ph © Phillippe Migeat / Centre Pompidou, MNAM-CCI / Dist. RMN-Grand Palais
145-C	Coll. Prod DB © Films Sacs / DR / TCD
145-D	Coll. Perron / KHARBINE-TAPABOR
147	ph © Akg-Images
148-hd	ph © Akg-Images
148-b	ph © Lapi / Roger-Viollet
149	ph © Bilderwelt / Roger-Viollet
150-h	ph © Roger Berson / Roger-Viollet
150-b	ph © Keystone / Gamma-Rapho
151-g	ph © Keystone / Gamma-Rapho
151-m	ph © KEYSTONE-FRANCE
151-d	ph © Keystone / Gamma-Rapho
152-h	ph © Akg-Images / Glasshouse Images
152-b	ph © Myers / US Army Lightroom Photos / TopFoto / Roger-Viollet
153-B	ph © Akg-Images
153-C	ph © Ludovic / REA
154-h	ph © Thierry Noir / Adagp, Paris 2016
154-b	ph © Regis Bossu / Sygma / Corbis
155-C	ph © G. Rolle / REA
156	© Bridgeman Images
157-B	ph © E. Dessons / JDD / Gamma-Rapho
157-C	ph © Petar Petrov / Impact Press Group / NurPhoto
158-3	© L'Illustration
158-3	ph © TopFoto / Roger-Viollet
158-3	ph © BPK, Berlin, Dist. RMN-Grand Palais / image BPK
158-5	ph © Akg-Images
158-bd	ph © Regis Bossu / Sygma / Corbis

Achevé d'imprimer en France par Loire Offset Titoulet
Dépôt légal n° 99890-4/06 - Avril 2017